Roland S. Herzhauser · Reinkarnation

 ROLAND S. HERZHAUSER, geboren 1946, absolvierte nach dem Studium der Betriebswirtschaft mit Schwerpunkt Wirtschaftspsychologie die Ausbildung zum Heilpraktiker. Seit 1978 ist Roland S. Herzhauser in eigener Praxis mit Schwerpunkt Reinkarnationstherapie und Hypnoseverfahren tätig. Persönliches Interesse führte ihn schon in seiner Jugend zur Reinkarnationstheorie. Diese Theorie zu erforschen und Erfahrungen darüber zu sammeln stellte er in den Vordergrund seiner Therapien.

Roland S. Herzhauser

Reinkarnation

Die Wiedergeburt in unserer Zeit

Traum oder Wirklichkeit

Erfahrungsberichte aus Hypnoserückführungen

Bibliografische Information der Deutschen Nationalbibliothek:
Die Deutsche Nationalbibliothek verzeichnet diese Publikation in der
Deutschen Nationalbibliografie; detaillierte bibliografische Daten sind
im Internet über < http://dnb.d-nb.de > abrufbar.

Satz und Layout: Buch&media GmbH, München
Umschlaggestaltung: Kay Fretwurst, Spreeau
Herstellung und Verlag: Books on Demand GmbH, Norderstedt
Printed in Germany
ISBN 978-3-8334-7902-1

Inhalt

VORWORT

Ein Traum?

Schließen Sie die Augen und stellen Sie sich eine Welt vor, die genau Ihren Wünschen, Ihren Vorstellungen und Ihren Neigungen entspricht.

Stellen Sie sich eine Welt vor, in der es nur das Leben gibt.

Stellen Sie sich eine Welt vor, in der die Zeit nicht existiert. Alles, was Sie dem Gegenüber mitteilen wollen, erfährt er in Sekundenschnelle – einschließlich Ihrer Gefühle und Vorstellungen von der mitzuteilenden Sache.

Und stellen Sie sich eine Welt vor, in der Sie entscheiden, ob Sie auf einen Planeten reisen, dort für einige Zeit bleiben und Erfahrungen sammeln, um dann, gereift um viele Erlebnisse, wieder gesund und erholt in Ihre Heimat zurückzukehren.

Stellen Sie sich vor, Sie könnten diese Reise so planen, dass alles, was für Sie nützlich und wertvoll wäre, was Sie genießen möchten, selbstverständlich im Service enthalten wäre. Und dazu noch kostenlos.

Vielleicht kann dieses Buch ein kleiner Wegweiser zu Ihrer persönlichen Selbstfindung sein.

Alle Berichte, die Sie in diesem Buch lesen, wurden in Tieftrance von normalen Mitmenschen, nicht von besonders begabten Medien, erstellt.

An dieser Stelle möchte ich in erster Linie meiner Frau Sabine danken – für ihre unermüdliche Motivation und Anregung, ihren ständigen Ansporn, die Ermutigung, dieses Buch zu vollenden, und für ihre moralische Unterstützung.

Ein Affront gegen die Realität?

Meinen Sie wirklich?

Denken Sie sich einen Traum, in dem Sie ein ganzes Leben mit all seinen schönen und schmerzhaften Seiten träumen. Am Ende des Traumes erleben Sie Ihren eigenen Tod und sehen sich selbst, wie Sie den Körper verlassen und zurück in Ihre Heimat gehen. Begleitet und geführt von Seelen, die in Ihrem Traum schon vor Ihnen in diesen lichten Bereich gegangen sind.

Wie empfinden Sie den Gedanken an einen solchen Traum?
 Können Sie damit gut umgehen oder finden Sie diesen »Traumgedanken« schrecklich?

Wie schützen wir uns vor dem Gedanken an den Tod?
 In der Regel wird dieser Schutz so aufgebaut, dass der Faktor Tod verdrängt wird.
 Das Bewusstsein des persönlichen, eigenen, sogar sicheren Todes verdrängen wir. Es ist uns schlichtweg nicht wirklich bewusst, dass wir irgendwann einmal sterben müssen. Das Leben prägt uns. Der höchstpersönliche Lebensabschnitt – Tod – auch. In den letzten Jahren wuchs das Interesse an den verschiedensten Reinkarnationstheorien. Die Faszination der hypothetischen Annahme der Wiedergeburt zieht mittlerweile viele Menschen in ihren Bann.

Jeder, der dieses Buch liest, soll sich die Freiheit bewahren, seine eigene Meinung zu diesem Thema und zu den vorgetragenen Berichten der Patienten aus der Tieftrance zu bilden. Vielleicht hilft es, frei von religiösen und ethischen Vorgaben die nachfolgenden Kapitel zu lesen.

Betrachten Sie die unterschiedlichen Aussagen als persönliche Erfahrungen verschiedenster Charaktere aus allen Sozial- und Bildungsschichten.

Durch den Einsatz der Hypnose bei einem zwölfjährigen Jungen wurde ich zum ersten Mal mit dem Phänomen der unbewussten Erinnerung an frühere Leben in Trance konfrontiert.

Ungezielt und unbeabsichtigt stieg das Kind in Bereiche seiner Seele ein, die ihm vorher unbekannt waren. Der Junge erzählte von einem früheren Leben, von seinem Tod und seiner Beerdigung.

Der Bericht hierüber weckte das Interesse einiger meiner Kommilitonen. Neugierig geworden erklärte sich eine gemischte Gruppe bereit, gezielt an Rückführungen vor die Geburt mittels der Hypnosetechnik teilzunehmen.

Alle Teilnehmer, die in den tiefen Bereich der Trance gelangten, berichteten von früheren Leben, von Existenzen, die ihnen im Wachzustand unbekannt waren. Sie erzählten in der Trance weitgehend emotionslos, wie sie lebten, beschrieben die Lebensumstände, die aktuell erlebte Lebenssituation. Sie schilderten, wie sie starben und wie sich ihnen im Moment ihres Todes und danach eine andere Dimension eröffnete. Manche gingen in der Trance, im Todeserlebnis, allein in diese andere Sphäre, andere wurden von liebevollen Wesen, oftmals bereits verstorbenen Bekannten oder Verwandten, hinüberbegleitet.

Mit diesen Ergebnissen hatten wir damals nicht gerechnet. Was mehr oder weniger als unterhaltsames Gesellschaftsspiel begonnen hatte, weitete sich zu einem persönlichen Erfahrungsgut aus, das keiner der Teilnehmer mehr missen mochte. Und dies ungeachtet der Tatsache, dass die persönlichen Erlebnisse Fragen über Fragen aufwarfen.

Warum erzählen alle Betroffenen in der Tieftrance von früheren Existenzen?

Warum erhalten sie ein Wissen über längst vergangene Zeiten in ihrem Unterbewusstsein?

Wie wirkt sich dieses anscheinend fest verankerte unbewusste Wissen auf das bewusste Denken und Handeln aus?

Warum durchleben Menschen in der Tieftrance, egal welcher Glaubensrichtung sie angehören, unwichtig welchen Bildungsstand sie haben, ähnliche Erfahrungen?

Es sind dies die grundsätzlich immer wiederkehrenden Fragen, die auch heute, nach mehr als dreißig Jahren eigener Praxiserfahrung mit der Reinkarnationshypnose, bei jedem Patienten im Raum stehen.

Mit diesem Buch möchte ich keinen Leser, welcher Glaubensrichtung er auch immer angehört, von der Reinkarnationsphilosophie oder gar dem Glauben an die Wiedergeburt und dadurch letztendlich an seine Unsterblichkeit überzeugen. In diesem Buch sind verschiedene Regressionen, also Rückführungen, aufgeführt, die einen Auszug aus vielen hundert Regressionsbehandlungen in meiner Praxis darstellen.

Religionsüberzeugungen im Wachzustand hatten keine Auswirkungen auf die Aussagen und Erlebnisse der betroffenen Personen in der Tieftrance. Die Aussagen erfolgten ohne religiöse Prägung und mit der uneingeschränkten persönlichen Freiheit.

Mannigfache Episoden aus vergangenen Zeiten tauchen auf. Die unterschiedlichsten Charaktere erzählen in der Tieftrance aus ihren verronnenen Leben.
Menschen aller Altersstrukturen, beiderlei Geschlechts und mit unterschiedlichsten Bildungsniveaus begaben sich auf die Reise in ihre Vergangenheit.

Glauben oder nicht glauben ist hier nicht die Frage.

Die Frage ist eher: Was ist das Wesen der Menschlichkeit, der Grund unserer Existenz?

Ein paar Worte zum Hypnoseeinsatz

Da alle hier aufgeführten Regressionen in Trance durchgeführt wurden, möchte ich zuerst einige Worte über das Phänomen Hypnose verlieren. Irrige Auffassungen über die »Macht der Hypnose« hoffe ich damit auszuräumen.

Deswegen beginne ich an dieser Stelle mit den Hypnose-Shows, die immer wieder auftauchen, selbst im TV-Programm, und ein völlig falsches Bild von der Einwirkung der Hypnose auf den normalen, Hilfe suchenden Menschen wiedergeben.

Der Hypnotiseur auf der Bühne hat die Möglichkeit, sich Probanden aus dem Publikum herauszusuchen, von denen er vermutet, dass sich diese leicht und schnell in einen bestimmten Trancezustand versetzen lassen. Er berücksichtigt nicht die momentanen seelischen und emotionalen Zustände derjenigen, die er auf die Bühne bittet. Er fragt nicht nach seelischen und körperlichen Vorerkrankungen, nach Ängsten und Verhaltensstörungen.

Ich möchte lediglich zwei Punkte ansprechen, die den Unterschied zwischen der Showhypnose und der therapeutisch angewandten Hypnose deutlich machen.

Damen und Herren, die sich bei einer Hypnoseshow als Probanden zur Verfügung stellen, wissen, dass irgendetwas mit ihnen gemacht wird, das sie eventuell der Lächerlichkeit preisgibt – und *sie sind damit einverstanden.*

Der Hypnotiseur auf der Bühne sucht sich seine »Darsteller« aus der Masse des Publikums heraus. Nach der Show folgt kein klärendes Gespräch über die Nachwirkungen der erlebten Hypnose. Der Proband wird mit den Auswirkungen dieser Technik, die ich persönlich als »seelische Nötigung« betrachte, allein gelassen.

Dass diese Vorgehensweise sehr bedenklich ist und oftmals eine psychotherapeutische Nachbehandlung in einer Fachpraxis nach sich zieht, soll an dieser Stelle nicht unerwähnt bleiben.

Hypnose zu Therapiezwecken

Die Hypnose in der Praxis unterscheidet sich elementar von der Showhypnose.

Oftmals herrscht auch heute noch die Überzeugung vor, dass labile oder geistesschwache, weniger intelligente Menschen gut zu hypnotisieren seien. Die intelligenten Zeitgenossen seien gegen Hypnose gewappnet, so die gängige Meinung.

Diese Meinung ist irrig und falsch. Das Gegenteil ist der Fall!

Je intelligenter ein Mensch ist, je besser er sich konzentrieren kann, desto leichter gelangt er in einen hypnoiden Zustand.

Zur gut funktionierenden Hypnose benötigt der Therapeut die Konzentration des Patienten auf das von ihm gesprochene Wort.

Der Grad der Suggestibilität ist nicht nur von der Intelligenz des Patienten abhängig, sondern auch von seiner

Tagesverfassung, von seinen bewussten und unbewussten Ängsten, seinen Wünschen, seinem gerade durchlebten Ärger oder seiner erfahrenen Freude.

Leider vagabundiert noch immer die Auffassung, dass in der Hypnose dem Patienten Suggestionen gegeben werden können, die unvereinbar mit seinen ethischen, religiösen, moralischen und sittlichen Werten stehen.

Der Selbsterhaltungstrieb ist die stärkste seelische Kraft in jedem Menschen. Diese Kraft schützt die sich in Trance befindende Person vor jedweder Suggestion, die nicht mit ihrem Einverständnis gegeben würde. Das Ergebnis einer solchen Vorgehensweise wäre das sofortige automatische Abbrechen des Trancezustands durch die unbewussten Kontrollmechanismen des Patienten.

Definition des Hypnosezustandes

Zum besseren Verständnis dieses speziellen Bewusstseinszustandes, genannt Hypnosezustand oder Trance, finden Sie hier die Beschreibung durch die Kommission der British Medical Association von 1955:

»Die Hypnose ist ein vorübergehender Zustand veränderter Aufmerksamkeit beim Patienten, ein Zustand, der von einem anderen Menschen hervorgerufen werden kann und in dem verschiedene Phänomene spontan oder als Reaktion auf verbale oder andere Reize auftreten können. Diese Phänomene umfassen eine Veränderung des Bewusstseins und des Gedächtnisses, gesteigerte Empfänglichkeit für die Suggestion, Antworten und Gedanken beim Patienten, die ihm in seinem gewohnten Geisteszustand nicht vertraut sind (...) «

Erinnerung nach der Hypnose

Nachdem der Patient das Stadium der tiefen Trance verlassen hat, erinnert er sich an alles, was während der Zeit seiner Trance gesprochen wurde und was er während der Regression in der Trance erlebte. Der aus der Trance Erwachte weiß nach der Trance viel mehr zu berichten als während der Trance. Während der Tieftrance befindet sich der Patient quasi in einem laufenden Film. Nur einzelne Szenen kann er auf Befragung durch den Therapeuten nennen. Gefühle, Randfiguren, Nebenschauplätze, Umgebungen können in der Schnelle des Ablaufs oftmals nur ungenau, nicht explizit wiedergegeben werden. Im Wachzustand erinnert sich der Patient aber an viele Details, die in der Trance nicht genannt wurden.

Fragen des Lebens

Das Dasein jedes Menschen ist durchdrungen von dem mehr oder weniger ausgeprägten Bewusstsein, dass er in diesem Leben sein persönliches Schicksal zu meistern hat. Auch wenn manches, was auf ihn zukommt, als anstrengend oder mühsam empfunden wird. Irgendwann kommt jeder an den Punkt, an dem er sich zum ersten Mal fragt: »Warum gerade ich? Warum passiert mir das?«

Unbewusste Erinnungen an frühere Existenzen
Fast jeder, der sich in diesem Leben befindet und sich mehr oder minder seines Selbst bewusst ist, macht sich schon bald Gedanken, warum sich das so verhält, warum dieses Leben von Aufgaben erfüllt zu sein scheint.

Im Kindesalter erleben wir, wenn in der Familie alles normal läuft, die erste Trennung von der geliebten Mutter, wenn das Kindergartenzeitalter beginnt. Einige Jahre später gibt es Leute, die verlangen, dass wir Hausaufgaben machen, dass unsere geliebte Kindheit mit Verpflichtungen erfüllt wird. In der Pubertät erleben wir die Eltern als unausstehlich, das andere Geschlecht als verlockend und dann doch wieder als »unmöglich«. Kaum ist die Schule abgeschlossen, beginnt die Berufsausbildung oder das Studium. Es erscheinen die ersten monetären Engpässe, Wünsche, die nicht befriedigt werden können. Die Partnersuche und die Partnerbeziehungen kommen auch noch dazu.

Diesen Problemen muss sich jeder Mensch im Laufe seines Lebens auf die eine oder andere Art stellen.

Das Merkwürdige daran ist, dass, sobald eine Aufgabe als erledigt betrachtet werden kann, schon das nächste Problem erscheint. Aufgaben über Aufgaben warten anscheinend nur darauf gelöst zu werden.

Es stellen sich schon wieder Fragen:

Warum kann nicht jeder in Wohlstand oder mit Weisheit geboren werden?

Warum ist der eine Mitmensch krank und schwach, der andere aber gesund und stark?

Warum lebt einer sein ganzes Leben im Optimismus, der andere im Pessimismus?

Warum kann der eine sich seit seiner frühen Kindheit an der Schönheit einer Blume erfreuen, der andere das Schöne nur zerstören?

Warum lebt der eine in Freiheit, der andere im Kerker?

Warum gerade ich?

Warum? Warum?

Antworten?

Ob die Antworten, die man sich selbst geben kann oder die von anderen gegeben werden, befriedigend sind, ist eine andere Sache. Zu oft bleibt Frust, das Gefühl der Nichtigkeit und Hilflosigkeit und als Folge oftmals die Abkehr von den verschiedensten persönlichen Wertvorstellungen.

Selbst Antworten, die von der großen christlichen Religion zu diesen Themen bereitgehalten werden, können nicht jeden für alle Zeiten zufrieden stellen.

Frühe Erinnerungen

Gibt es Antworten auf diese Fragen?
In der Kindheit werden oftmals Gedankenbilder, Fantasien, Träume, Erinnerungen an geliebte oder Furcht einflößende Menschen, an schöne Zeiten, an angstvolle Erlebnisse, an Landschaften, Geräte und Berufsbilder erlebt, die immer wieder ins Bewusstsein aufsteigen. Fragmentarische Erinnerungen, an Szenen aus früheren Leben, an vergangene Existenzen unseres unsterblichen Selbst tauchen auf – und verschwinden mit zunehmendem Alter.
Oftmals sind es klare Bilder und Erinnerungen an längst vergangene Zeiten, Menschen und Begebenheiten, die mit verantwortlich sind für das, was wir im Jetzt darstellen und leben. – Für uns selbst.

Wenn Kinder den Mut aufbringen, über solche aufkeimenden Gedankenbilder zu reden, werden ihre Schilderungen von den Erwachsenen meistens als Träumereien, Alpträume oder Fantastereien abgetan. Kinder, die über solche Gedanken und Erinnerungen reden, werden belächelt. Wohlwollend wird von einer großen Fantasiebegabung gesprochen.

Dabei scheint es, dass diese Gedankenbilder häufig Erinnerungen an frühere Existenzen sind, an Erfahrungen, die in längst vergangenen Zeiten erlebt wurden.

Ein dumpfes Erinnern an frühere Existenzen der Seele stellt einen Teil des täglichen Lebens dar. Leider geschieht dies allzu oft nur auf der unbewussten Ebene.

Jeder Tag der aktuellen Existenz ist ausgefüllt mit Erlebnissen, die in dem jungen Menschen alte Erinnerungen aus früheren Leben verblassen lassen. Es ist dies eine Schutzvorkehrung des göttlichen oder kosmischen Prinzips, das ein weitgehend unbeschwertes neues Leben ermöglicht.

WIEDERGEBURT

An dieser Stelle möchte ich mich dem Begriff der Wiedergeburt widmen.

Das Phänomen der Wiedergeburt wird von vielen Glaubensrichtungen gelehrt und Millionen Menschen glauben an die Reinkarnation, an die Lehre der Wiedergeburt. Allzu leicht kommt man zu der Auffassung, dass die Reinkarnation ein Bestandteil der indischen oder östlichen Heilslehre darstellt und mit der Kultur des Abendlandes nicht in Einklang zu bringen ist.

Ermüdet von den Lehren des Christentums, den im Namen Jesu verübten Gräueln und Glaubenskriegen und dem widersprüchlichen und engstirnigen Verhalten der meisten Kirchenfürsten, wenden sich immer mehr Suchende östlichen Religionen wie dem Buddhismus oder dem Hinduismus zu. Leider wird dabei oft vergessen, dass nicht die Zugehörigkeit zu einer Glaubensgemeinschaft, sondern die eigene Lebensweise, die Achtung, die Liebe, die den Mitmenschen entgegengebracht wird, für die Reifung der Seele wichtig ist.

Lehren, die ebenfalls den Reinkarnationsgedanken beinhalten, fanden sich in der Vergangenheit bei den Pythagoreern und in der Orphik, in der Gegenwart im Spiritismus sowie in der Lehre der Anthroposophie des Dr. Rudolf Steiner. Johann Wolfgang von Goethe war ebenfalls ein Sympathisant der Reinkarnationsphilosophie.

Orphik

Interessant ist hier die Orphik. Sie wurde von Orpheus, der Sage nach der Sohn einer Apollopriesterin und des griechischen Gottes Apoll, gegründet. Als junger Mann flüchtete er von Griechenland nach Ägypten, wo er zwanzig Jahre weilte. Hier lebte er in den alten ägyptischen Mysterienschulen, bei den Priestern von Memphis. Er lernte ihre Mysterien und absolvierte ihre Prüfungen. Erst nach dieser Zeit nannte er sich bei seinem Initiationsnamen, Orpheus oder Arpha, das heißt: der durch das Licht Heilende.

Spuren der Tätigkeit der Orpheus'schen Glaubensrichtung sind seit dem 6. Jahrhundert vor Christus in Attika, Unteritalien und Sizilien nachweisbar. Anscheinend breitete sich diese Lehre besonders schnell in den unteren Bevölkerungsgruppen aus. Sie hatte großen Zuspruch, weil sie die Wiedergeburt und damit die Chance auf ein besseres Leben versprach. Lohn für die Gerechten und Strafe für die Ungerechten sollten dieser Lehre nach im nächsten Leben gegenwärtig sein. Diese Lehre gab den Menschen Hoffnung auf ein Leben, das sie aus eigener Kraft selbst gestalten und zum Besseren lenken konnten. Sie hatten die Hoffnung, negative Handlungen in der jetzigen Existenz durch positive Lebensweise im neuen, zu erwartenden Leben ausgleichen zu können.

Allerdings wussten nur die Eingeweihten um die Geheimlehren über die Entstehung der Welt, Erschaffung des Menschen, Unsterblichkeit der Seele, Seelenwanderung, Lohn und Strafe im Jenseits. Den Gläubigen, die im Leben die Lehren des Orpheus lebten, wurde nach erfolgter Reinigung und Askese auch ein glückliches Leben als Seele nach dem Tod verheißen.

ERKLÄRUNG VON REINKARNATION

Als Reinkarnation bezeichnet man den Glauben, dass die Seele beim Tod den sterbenden Körper verlässt und sich direkt oder nach einem gewissen individuellen Zeitablauf einen neuen Körper als Aufenthalt für ein weiteres Leben sucht. Der Grundgedanke der Reinkarnation sagt aus, dass die Seele sich nach dem Tod des leiblichen Körpers in einen anderen Körper begeben kann, der neu geboren wird.

Die Befreiung aus dem Rad des Lebens und aus der Reinkarnation, der Seelenwanderung, und das Eingehen in das Nirwana ist das Sehnsuchtsziel indischer Weisheit und Religiosität.

Reinkarnation, die Lehre von der Seelenwanderung, trägt eine unwahrscheinliche Dynamik in sich. Allein der Gedanke, in verschiedenen Zeitepochen existiert zu haben und in unterschiedlichsten Persönlichkeiten verkörpert gewesen zu sein, übt einen fantastischen Reiz auf jeden Interessierten aus.

Für Zweifler und Argwöhnische ist genau dies der Stein des Anstoßes. »Ich lebe nur einmal – und zwar jetzt!«, das ist ein Spruch, der immer wieder von Skeptikern und naturwissenschaftlich orientierten Zeitgenossen vorgebracht wird. »Ich würde gerne glauben, dass es noch weitere Leben gibt – liefere mir Beweise – bis jetzt kam noch keiner zurück – du bist ein Träumer und Fantast«, sind so die gängigsten Redensarten, die immer wieder zu hören sind.

Schilderungen bei der Regression

Innerhalb einer durchgeführten Regression, einer Rückführung in ein anderes Leben in Trance, sind exakte Zeitangaben, die sich auf ein bestimmtes Datum beziehen, eher selten.

Seit mehr als dreißig Jahren führe ich Regressionen, das heißt in diesem Fall Rückführungen in jene Zeiträume vor der Geburt des einzelnen Probanden, unter Tiefenhypnose durch.

Vielleicht ist es noch wichtig zu vermerken, dass sich unter den vielen hundert Regressionen, die in meiner Praxis durchgeführt wurden, keine historisch bedeutende Persönlichkeit befand. Alle zurückgeführten Patienten berichteten aus Zeiten, in denen sie oft weder das Schreiben noch Lesen oder Rechnen beherrschten.

Selten war bekannt, welcher Fürst oder Herrscher in dem Land und zu der Zeit, die in der Tieftrance erfahren wurde, lebte und regierte.

Existenzübergreifende Erfahrungen

Es scheint, dass gleich einem roten Faden die Erfahrungen früherer Existenzen mit dem aktuellen Leben verbunden sind. Das, was in vorigen Leben nicht aufgearbeitet wurde, wirkt in das jetzige Leben mit hinein. Seelen, die in früheren Leben im Positiven oder Negativen mit dem Einzelnen verbunden waren, erscheinen im Hier und Jetzt wieder.

Die nachfolgenden Regressionsberichte sind ergänzt durch Erläuterungsversuche zu den Erlebnissen der Patienten während der Trance und Hinweise auf die Auswirkungen oder Erkenntnisse, die der Patient durch die Hypnose gewinnen konnte.

REGRESSIONSBERICHTE

Regressionsbericht Thomas B., geboren 1961

Der etwa zwölfjährige Patient leidet seit jeher unter einer für ihn nicht erklärbaren Angst vor Gewittern.

In Hypnose versetzt, antwortet er auf die Frage, warum er denn Angst vor Gewittern habe, Folgendes:

»Ich bin in einem Manöver.
Ich bin Feldwebel bei der Bundeswehr.
Ich bin 54 Jahre alt.
Das Jahr ist: 1954.
Bin in Bremen geboren.
Es ist schlechtes Wetter, Regen und Sturm.
Wir packen zusammen.
Ich gehe ein wenig vom Lager weg, weil ich noch eine zurückgelassene Zeltstange auf dem Feld gesehen habe.
Jetzt ist alles hell.
Ich höre leise Musik.
Ruhe überall, trotz dieser leisen Musik.
Ich bin schwerelos, befinde mich irgendwo im Raum.
Ich schwebe.
Jetzt sehe ich einen Sarg.
Soldaten stehen rechts und links vom Sarg.
Da ist das Grab.
Das Grab befindet sich in der Nähe von Stuttgart.
Der Sarg wird in die Grube heruntergelassen.
Die Bilder verschwimmen.

Ich höre wieder schöne leise Musik.
Ich sehe nichts mehr.«

Ende der Regression.

Im Nachhinein betrachtet, konnte festgestellt werden, dass die Psyche des jungen Patienten dieses Erlebnis weit besser verkraftete als die seiner Eltern. Diese waren dem christlichen Glauben stark verbunden, wussten weder etwas mit der Reinkarnationsphilosophie noch mit der Möglichkeit der bewussten Existenz in anderen Dimensionen anzufangen.

Wichtig für die Eltern und für Thomas war, dass die Angst vor Gewittern nach der Regression nicht mehr vorhanden war.

Was Thomas am meisten beeindruckte, war keineswegs der Tod durch den Blitz oder die Erkenntnis, dass er schon einmal gelebt hatte. Nein, ihn beeindruckten die Töne, die ein Klangvolumen haben mussten, wie er es noch nie gehört hatte. Noch Wochen nach der Hypnose, als seine Mutter und sein Vater mich nochmals mit ihm aufsuchten, sprach er immer wieder von den wunderschönen sphärischen Klängen der gehörten, erlebten und gefühlten Musik.

Erklärungsversuch

Thomas erfuhr hier eine so genannte Spontanheilung. Das heißt, das Erkennen der Stress auslösenden Faktoren setzte die belastenden Ereignisse aus dem vergangenen Leben außer Kraft und bewirkte in diesem Fall eine sofortige Auflösung des Krankheitsbildes.

Regressionsbericht Frau B., geboren 1912

Die nachfolgende Regression ist auch deshalb außergewöhnlich, weil hier ebenfalls eine Spontanheilung erfolgte.

Eine Dame Mitte siebzig kam in die Praxis. Sie litt seit ihrer frühesten Kindheit unter einseitigen Kopfschmerzen, die jeder Behandlung und jedem Medikament widerstanden.

Nachdem die Anamnese erhoben war, nahm das Gespräch eine Wendung, die nicht zu erwarten war. Die Patientin teilte mit, dass sie glaube, schon einmal gelebt zu haben. Als sie Verständnis für diese Auffassung fand, verbunden mit dem Hinweis, dass viele Millionen Menschen auf der Welt an die Reinkarnationslehre glauben, atmete sie auf und erzählte ihre Lebensgeschichte. Die Biografie dieser Patientin war von manchen schweren Erlebnissen geprägt.

Frau B. entschloss sich zu einer Reinkarnationstherapie, die sie bereits in der ersten Behandlung in die Zeit vor ihrer Geburt führen würde. Ihr Sohn, der sie in die Praxis gebracht hatte, war bei der Behandlung anwesend.

Nach dem Durchleben des Geburtstraumas, das von ihr als sehr schmerzhaft geschildert wurde, gingen wir in der Zeit zurück. Im Jahr 1874 sah die Patientin erste Bilder.

Therapeut: »Was sehen Sie?«

Frau B.: »Eine Dorfstraße. Ich stehe mit meinem kleinen Bruder auf der Dorfstraße und blicke nach oben. Dort steht ein Pferdegespann mit zwei Pferden vor einem Wagen. Mein Bruder hält eine kleine Stoffpuppe in der linken Hand. An der rechten Hand halte ich ihn fest.«

Therapeut: »Was geschieht weiter?«

Frau B.: »Was ist denn das? Jetzt rasen die Pferde los, sie

rennen genau auf uns zu. Ich stoße meinen kleinen Bruder zur Seite. Die Pferde sind ganz wild. Eins der Pferde tritt mich mit seinem Huf auf meine rechte Kopfseite … oh, tut das weh, tut das weh!«

THERAPEUT: »Was geschieht weiter?«

FRAU B.: »Leute kommen herbeigerannt. Sie tragen mich in das Haus. Sie legen mich auf einen Tisch. Jetzt kommt der Doktor. Oh, was habe ich Schmerzen … Jetzt habe ich keine Schmerzen mehr.«

THERAPEUT: »Was geschieht weiter?«

FRAU B.: »Komisch. Ich stehe oben in der Ecke des Raumes, mehr im Bereich der Decke, und blicke auf meinen Körper, der in einer Holzkiste auf zwei Stühlen in der Mitte des Raumes liegt. Mein kleiner Bruder spielt mit seiner Stoffpuppe auf dem Boden vor der Holzkiste … komisch.«

THERAPEUT: »Was geschieht weiter?«

FRAU B.: »Jetzt öffnet sich die eine Zimmerwand. Drei Leute kommen auf mich zu. Sie freuen sich unwahrscheinlich. Einer von den dreien ist der »Küfermann«, der holte früher immer die Eier in seinem Korb auf dem Rücken von uns ab. Der ist aber schon lange tot.«

THERAPEUT: »Was geschieht weiter?«

FRAU B.: »Ich freue mich jetzt auch. Ich fühle mich unwahrscheinlich leicht und glücklich. Ich gehe mit ihnen. Da ist ein großes Licht, auf das wir zugehen. Dieses Licht strahlt eine unbeschreibliche Liebe aus. Es ist schön.«

Hier wurde die Regression beendet. Die Patientin war nach der Hypnose von ihren Kopfschmerzen befreit. Diese kamen auch in dem Jahr, in dem ich nach der Regression noch Kontakt mit ihr hatte, nicht mehr zurück.

Das Todestrauma, das diese Frau in einer früheren Existenz erlitten hatte, nahm sie in ihr jetziges Dasein mit. Erst das Bewusstwerden dieses traumatischen Erlebnisses befreite sie von den lebenslangen Kopfschmerzen und schenkte ihr gleichzeitig das Bewusstsein, auch nach dem leiblichen Tod in früheren Leben weiter als individuelle Persönlichkeit zu existieren.

Spontanheilung

Die nach diesen beiden Regressionen aufgetretenen Spontanheilungen sind keinesfalls die Regel. Die Spontanheilung tritt sehr selten auf. Die Normalität stellt sich so dar, dass der Patient durch die Erkenntnisse, die er in der Regression gewonnen hat, in die Lage versetzt wird, eine Therapie zielgerichteter anzugehen und eventuell anzunehmen.

Regressionsbericht Herr P., geboren 1946

Ein Patient kam in die Praxis und berichtete von einem Problem, das er mit kirchlichen Würdenträgern und der Kirche im Allgemeinen habe.

Er sah jedes Mal rot, wurde aggressiv und unausstehlich, wenn ein Kleriker in seine Nähe kam. Von der Kirche als sozialer Institution distanzierte er sich völlig. Dieser Herr, der eine führende Position in der Industrie einnahm, konnte aufgrund dieser negativen Gefühle bei gesellschaftlichen Anlässen Kirchenleuten nicht mehr wertneutral entgegentreten.

Eine herkömmliche Psychotherapie in einer anderen Praxis war erfolglos beendet worden.

Auf seinen Wunsch hin wurde er hypnotisiert. Die Regression wurde eingeleitet.

Der Patient beschrieb in dieser Regression Bilder vom ausklingenden 17. Jahrhundert.

In den ersten Szenen sah er ein Dorf am Fuße eines Weinberges liegen. Auf diesem Berg, umgeben von Weinreben, befand sich ein Kloster, das von Mönchen bewohnt wurde.

In dem Dorf wechselte die Szene zu einer jungen Dorfschönheit, die sich gerade mit einem jungen Mann in der Scheune vergnügte. Das Mädchen war begeistert bei der Sache und man merkte an ihren Kommentaren, die sie ihrem Partner zurief, dass sie fähig war die Liebe zu genießen und sie diese schon des Öfteren erlebt und genossen hatte.

Nachdem sich die beiden jungen Menschen ausgetobt hatten, trug die Frau, sie mochte vielleicht 17 bis 21 Jahre alt sein, in einem Korb Früchte zu dem Kloster auf dem Berg.

Vor der geöffneten Klosterpforte saß ein Mönch mit Namen Antonius auf einem ungefähr fünfzig Zentimeter hohen Stein. Lässig hatte er seine Beine überkreuzt, so dass seine Waden, die mit stacheligen Haaren versehen waren, der Früchtebringerin auffielen.

Bruder Antonius, der ein jüngerer Mönch war, lächelte die Besucherin freundlich und irgendwie schelmisch an. Diese amüsierte sich über das unverhohlene Interesse des frommen Mannes an ihr – und über seine kräftigen Beine.

Nachfolgend sahen Bruder Antonius und die bewusste junge Frau sich fast täglich bei den Obstlieferungen, die sie vornehmen musste. Aus den Blickkontakten wurden kurze Neckereien. Bruder Antonius lud Maria, so hieß die junge Frau, zu einem Spaziergang in den Weinberg ein. Hier gelang es ihm, Maria zu erobern und ihre Liebe zu gewinnen.

Immer wieder trafen sich die Liebenden heimlich im Weinberg. Eines Abends, sie lagen eng umschlungen nackt auf ihren Kleidern zwischen den Reben, waren sie von den Mönchen des Klosters umstellt. Diese hatten im Laufe der Zeit herausbekommen, dass mit Bruder Antonius und der Dorfschönheit Maria nicht alles im Sinne der Kirche lief. Maria und Antonius wurden beobachtet und dann in flagranti aufgespürt.

Die Mönche stürzten sich auf Maria. Sie wurde von ihrem geliebten Antonius getrennt und in einen Kellerraum des Klosters gesperrt.

Nach einigen Tagen wurde eine Befragung angesetzt. Man teilte Maria mit, dass die Mönche sie als Hexe entlarvt hätten. Sie habe den armen Bruder Antonius mit ihrer Liebeskunst verhext. Mit Hilfe ihrer teuflischen Sexualität habe sie versucht, ihn von der Mutter Gottes, deren Namen sie als Hexe auch noch in schändlicher Weise trug, zu entfremden und ihn dem Teufel, dem Fegefeuer oder gar der ewigen Verdammnis auszuliefern.

Ihr Name, Maria, sei ein weiteres Beweisstück für die Raffinesse des Satans, der ihr Herr und Meister sei. Der Teufel habe sie speziell auf Bruder Antonius angesetzt, der ein unwahrscheinlich liebevoller und gläubiger Christ sei.

Maria stritt dies ab und sprach von ihrer Liebe zu Bruder Antonius, die von Gott und Jesus gewollt sei. Diese Aussage wurde von dem kirchlichen Tribunal als gotteslästerliche Verlogenheit angesehen. Die Mönche und ihre Helfershelfer schleppten Maria aus dem Raum und brachten sie in einen dunklen, nur durch Fackeln erhellten Kellerraum des Klosters. Hier wurde Maria entkleidet und auf einer Holzpritsche festgezurrt.

Ihr Weinen und Bitten um Gnade und das Beteuern ihrer Liebe zu Antonius verärgerte die anwesenden Mönche, allen voran den Abt des Klosters, nur noch mehr. Nach relativ kurzer intensiver »Aushorchung« gab Maria zu, eine Hexe zu sein. Allerdings erst, nachdem ein Folterknecht, der eigens wegen dieses Vorfalls angereist war, ihr mit einem glühenden Eisen, das die Form des Buchstabens »H« wie Hexe trug, den linken Busen verglüht hatte.

Die Schlussfolgerungen der Mönche waren einseitig und von Vorurteilen geprägt. Ein Mann Gottes – ich rede hier von Bruder Antonius – konnte ihrer Ansicht nach unmöglich von einer reizenden jungen Frau aus Fleisch und Blut angetan sein. Er konnte nur mit allen Mitteln der Hölle verführt worden sein. So etwas kann nur eine Hexe bewerkstelligen, war die einstimmige Meinung der frommen Brüder.

Noch am selben Tag wurde beim Kloster ein Scheiterhaufen errichtet. Am nächsten Tag in aller Frühe führte man Maria im Büßergewand auf den Scheiterhaufen. Sie wurde, so sehr sie sich auch wehrte, weinte und um Erbarmen bettelte, an einem Pfahl auf dem Holzstoß festgebunden. Der Holzstoß wurde in Brand gesetzt. Wenige Minuten später erstickte Maria im Rauch und Qualm der christlichen Läuterung.

Die Seele Marias löste sich von dem verbrennenden Körper und suchte zuerst nach Bruder Antonius. Diesen hatten seine Glaubensbrüder in eine Zelle gesperrt. Von dieser Zelle aus konnte er die Schreie der Gaffer, das Beten der Mönche, das Wimmern des Opfers und das Knistern des Feuers hören.

Maria erkannte, dass Antonius unsagbar litt, fast dem Wahnsinn nahe war. Antonius trommelte mit den Fäusten gegen die Wände und gegen die Tür, schrie und weinte. Aber alles war vergebens. Einige Meter von ihm entfernt brannte der Scheiterhaufen und verbrannte seine Liebe.

Marias Seele blieb noch, für Antonius unsichtbar, einige Zeit bei ihm, dann folgte sie dem Ruf, der sie in das Licht führte.

Erklärungsversuch

Was von dieser Seele mit in die neue Existenz gebracht wurde, war das Gefühl einer zum Himmel schreienden Ungerechtigkeit, begangen im Namen Christi von Männern, die nicht die Liebe zwischen zwei Menschen, sondern nur die Wollust erkannten, die Liebe leugneten und sich im Kerker noch an dem unglücklichen, dem Tode geweihten Wesen vergingen.

Vor der Hypnose konnte der Patient nichts mit seinen negativen Gefühlen anfangen. Dies führte bei ihm als einem analytischen und kritischen Verstand besitzenden modernen Menschen zu einem tiefen Unsicherheits- und Wutgefühl allen Würdenträgern der Kirche gegenüber.
Nach der Regression verbesserte sich sein Verhältnis zur Kirche nicht wesentlich. Verbessert wurde aber seine Selbstsicherheit. Er konnte sich und seine Gefühle jetzt besser einordnen und verstehen.

Regressionsbericht Frau S., geboren 1968

Elena

Nach einem Vortrag über Karma und Wiedergeburt meldete sich Frau S., eine junge dynamische Geschäftsfrau von 35 Jahren, bei mir und vereinbarte einen Termin, da sie eine Regression vornehmen lassen wollte. Seit vielen Jahren habe sie das Gefühl, schon einmal gelebt zu haben, sagte sie im einführenden Gespräch. Von der Regression erhoffe sie sich eine Erlösung von ihrer inneren Unruhe, die sie seit einiger Zeit immer stärker ergreife, wenn sie sich gedanklich mit der Möglichkeit früherer Existenzen beschäftige.

Frau S. stellte sich als gutes Medium heraus. Sie kam leicht in Trance und die nachfolgende Regression begann.

THERAPEUT: »Juni 1968, was sehen Sie?«

FRAU S.: »Gar nichts!«

THERAPEUT: »In welchem Zustand befinden Sie sich?«

FRAU S.: »Alles ist schwer.«

THERAPEUT: »23. Juni 1993, wie fühlen Sie sich?«

FRAU S.: »Schwer.«

THERAPEUT: »1935, was sehen Sie?«

FRAU S.: »Ich kann nichts sehen, es ist mir alles so kühl, als ob mir irgendwas auf die Stirn drückt.«

THERAPEUT: »1915.«

FRAU S.: »Jetzt brennt mein Herz.«

THERAPEUT: »1910, was sehen oder spüren Sie?«

FRAU S.: »Es ist, als ob es in mir lodert.«

THERAPEUT: »Wie fühlen Sie sich?«

FRAU S.: »Wie festgewurzelt. Als ob mich irgendetwas ganz festhält und zu Boden drückt.«

THERAPEUT: »1905, was sehen Sie?«

Frau S.: »Nichts. Meine linke Hand, die schmerzt richtig. Das zieht bis rauf ins Herz.«

Therapeut: »Woher kommt das?«

Frau S.: »Ich kann nicht definieren, woher das kommt.«

Therapeut: »Haben Sie Angst?«

Frau S.: »Nein.«

Therapeut: »1865, was sehen Sie?«

Frau S.: »Wie ein Brunnen, einen tiefen Brunnen.«

Therapeut: »Was sehen Sie noch?«

Frau S.: »Das war gerade so, als hätte mir jemand das Baby in den Brunnen geschmissen.«

Therapeut: »Gehen Sie etwas weiter zurück. Was sehen Sie?«

Frau S.: »Eine Frau mit einer weißen Schürze.«

Therapeut: »Wer ist diese Frau?«

Frau S.: »Elena.«

Therapeut: »Was sehen Sie weiter?«

Frau S.: »Es kommen auf einmal Männer auf Pferden daher. Die Frau kriegt Angst. Sie rennt mit dem Baby weg. Sie versucht das Baby vor den Männern zu schützen.«

Therapeut: »Was geschieht weiter?«

Frau S.: »Jetzt steht sie vor dem Brunnen – als würde sie sich überlegen, lieber schmeißt sie es in den Brunnen, als dass sie das Baby diesen Männern überlässt.

Therapeut: »Was weiter?«

Frau S.: »Jetzt zögert sie, ob sie es runterschmeißen soll oder ob sie mit dem Baby im Arm runterspringt. Das macht sie jetzt auch. Sie hält das Kind ganz krampfhaft an sich gedrückt. Meine Arme und Hände tun so weh, als ob ich das Baby krampfhaft festhalten würde.«

Therapeut: »Was weiter?«

Frau S.: »Jetzt brennt auch meine ganze Brust. Jetzt wird alles – ich kann nicht sagen – heiß oder kalt. Die Männer sind von den Pferden abgestiegen und gucken in den

Brunnen rein. Die sehen aber nichts. Da ist es dunkel.
Einen Aufprall hört auch keiner.«

THERAPEUT: »Weiter!«

FRAU S.: »Ich spüre bloß ganz starke Schmerzen in meinen
Händen und in meiner Brust.«

THERAPEUT: »Was geschieht weiter?«

FRAU S.: »Es ist plötzlich ganz hell.«

THERAPEUT: »Weiter!«

FRAU S.: »Das Kind nimmt die Mama an der Hand und sie
laufen die Wiese runter. Und ganz verborgen unten drin
ist ein großes Landhaus. Das Dach ist mit Reet gedeckt.
Der Schornstein raucht. Es sieht aus, als ob die zwei da
zu Hause wären. Alles blüht. Da ist ein wunderschöner
Garten vor dem Haus. Alles voller Blumen.«

THERAPEUT: »Weiter!«

FRAU S.: »Die beiden bleiben auf dem Hügel stehen und
betrachten das Haus, weil es so einladend aussieht – so
voller Wärme.«

THERAPEUT: »Was geschieht weiter?«

FRAU S.: »Es ist immer noch das Kind, das die Mutter zieht,
das zu der Mami sagt: ›Komm, wir gehen jetzt runter.‹
Die Mutter zögert. Irgendwie weiß sie, das ist ihr Haus,
aber sie zögert. Sie guckt es sich lieber von außen an. Sie
will gar nicht eintreten in das Haus.«

THERAPEUT: »Warum nicht?«

FRAU S.: »Ich weiß nicht, was sie daran hindert, es sieht von
außen so schön aus. Eigentlich weiß sie, dass es innen
auch gemütlich ist.«

THERAPEUT: »Gehen Sie weiter voran, was geschieht?«

FRAU S.: »Das Kind zerrt die Mama schon an beiden Händen und sagt: ›Jetzt komm doch endlich, komm!‹ Die Mutter kostet es unheimlich Überwindung. – Ich fühle jetzt
wieder ganz starkes Kribbeln in den Händen.«

THERAPEUT: »Was geschieht weiter?«

Frau S.: »Das Haus verblasst.«
Therapeut: »Weiter, was sehen Sie weiter?«
Frau S.: »Es ist plötzlich alles weg, auch das Kind.«
Therapeut: »Was geschieht weiter?«
Frau S.: »Ich spüre auf einmal meine Knie so komisch. Das Unterteil von meinen Beinen bis zu den Knien und meine Arme.«

An diesem Punkt wurde die Regression beendet, da Frau S. unruhig wurde und der Eindruck entstand, dass sie sich nicht sehr wohl fühlte.

Nach dem Aufwachen verschwand das Unwohlsein, und die Missempfindungen in den Armen und Beinen der Patientin lösten sich auf.

Erkenntnisse aus dieser Regression

Gegner der Reinkarnationstheorie behaupten gerne, dass verträumte Menschen, die mit ihrer jetzigen Existenz unzufrieden seien, sich in Phantasien früherer Leben retteten. In den Tagträumen über diese früher gelebten Existenzen könnten sie sich all das vorstellen, was ihnen das reale Leben versage. So sei es in der Phantasie ja ein Leichtes, reich, berühmt, tapfer, edel, schön, von adligem Geschlecht und darüber hinaus auch noch klug oder gar ein Genie zu sein. Mozart, Goethe, Napoleon, Cäsar, Alexander der Große und andere würden zuhauf auftreten.

Betrachtet man aber diese Regression, die Erinnerungen an ein früheres Leben und den bewusst erlebten Freitod einer jungen Frau wiedergibt, so müsste auch dem größten Skeptiker klar werden, dass es sich hier keineswegs um

Wunschgedanken einer besonders romantisch veranlagten Person handelt.

Bemerkenswert, das muss immer wieder betont werden, ist, dass sich in allen Regressionen, die von mir im Laufe der Jahre durchgeführt wurden, kein einziges gekröntes Haupt befand. Kein Genie erschien in den Erinnerungen der Patienten, kein Weiser und keiner der Großen unserer Zeitgeschichte. Im Gegenteil, es werden Charaktere beschrieben, die alle im Leben viel Unbill ertragen mussten, die ihren Mitmenschen gegenüber zum Teil gewalttätig und gemein waren und die oftmals eines gewaltsamen Todes starben.

Regressionsbericht des Herrn Sch., geboren 1960

Der »rote Faden«

Eines Tages kam Herr Sch. in die Praxis. Er schilderte seine Problematik folgendermaßen:

»Jedes Mal, wenn ich einige Wochen mit einer Frau befreundet bin, sie mag so schön und nett sein, wie man es sich nicht besser vorstellen kann, wende ich mich enttäuscht von ihr ab. Es ist so, als würde meine Zuneigung, meine Liebe wie ein Kartenhaus zusammenfallen. Resignation und Enttäuschung beherrschen mich dann und ich muss die Beziehung beenden. Seitens der Partnerinnen liegt für mich kein erkennbares schuldhaftes Verhalten vor. Ich selbst fühle mich als Versager und unfähig, eine dauerhafte und ernsthafte Beziehung zu leben.«

Bei Herrn Sch. handelte es sich um einen finanziell gut situierten Herrn im Alter von ungefähr 35 Jahren. Er war der Typ eines dynamischen und intelligenten Menschen. Sein Habitus war ansprechend und sympathisch.

Herr Sch. wünschte eine Regression, um der Ursache seiner für ihn unerklärlichen Emotionen auf den Grund zu kommen.

Der Tuchhändler

Ein großer Platz in einer mittelalterlichen Stadt erscheint Herrn Sch. in der Trance. Es herrscht große Betriebsamkeit. Der Bau eines Domes ist in vollem Gange. Er selbst, in rotes Tuch gekleidet, das mit einem weißen Kragenpelz versehen ist, steht wartend etwas abseits der geschäftigen Menge.

Dann kommt eine Kutsche angefahren. Aus dieser Kutsche, die übrigens seine eigene ist, wie sich nach der Hypnose herausstellt, steigt eine junge schöne Frau. Diese kommt strahlend auf den jungen Mann zu, der ihr ebenfalls freudig entgegeneilt. Er beschreibt, dass er diese Frau aus ganzem Herzen liebt und sie zu heiraten gedenkt.

Gemeinsam geht das junge Paar in eine Gastwirtschaft, die an den Vorplatz des entstehenden Domes anschließt. Sie begeben sich in eine Nische mit Ausblick auf das geschäftige Treiben und bestellen Rotwein und eine Gans. Das Essen wird nach einiger Zeit vom Wirt gebracht, der die Gans schon als Vorbestellung zubereitet hatte.

Plötzlich wird die Tür der Gaststätte aufgestoßen und einige Söldner des Burgvogtes, der in der nahe gelegenen Burg residiert, betreten den Gastraum und inspizieren ziemlich unfreundlich die Gäste. Sie entdecken das Pärchen in der etwas abgelegenen Nische und stürzen sich sofort auf den jungen Mann. Dieser versucht sich zu wehren. Da sticht ein Soldat mit seiner Lanze zu. Die junge Frau sieht das und wirft sich zwischen die Lanzenspitze und ihren

Geliebten. Der Stoß, der dem jungen Mann gilt, trifft mit voller Wucht die junge Frau und tötet sie auf der Stelle.

Sie wird liegen gelassen und der verzweifelte, sich keiner Schuld bewusste Unglückliche wird abgeführt.

Man bringt ihn auf die Burg, wo ihm der Vogt eröffnet, er habe gefälligst seine Tochter zu ehelichen. Eine Wahlmöglichkeit wird vom Burgvogt ausgeschlossen. Sollte der junge Mann die Absicht haben sich zu weigern, so wird ihm der Tod als Alternative angeboten. Der Burgvogt gedenkt durch die Verbindung seiner Tochter mit dem jungen Mann an das Vermögen des Jünglings heranzukommen. Wie sich herausstellt, ist der auf die Burg Verschleppte trotz seiner jungen Jahre, ein vermögender und bekannter Tuchhändler aus dem Wirkungsbereich des herrschenden Burgvogtes.

Die Vogtstochter wird ihm vorgestellt.

Zu dieser Szene sagt Herr Sch. in Trance: »Das fällt mir doch gar nicht ein, so ein blasses Wesen zu heiraten. Ich wollte meine Geliebte – und sonst keine.«

Auf der Burg wird ein Fest vorbereitet. Während alles beschäftigt ist, versucht der junge Mann zu fliehen. Der Burgvogt merkt dies und schreit seine Wachen an, sie möchten den Fliehenden aufhalten. Einer der Soldaten wirft seinen Speer und trifft. – Exitus!

Die Leiche des Tuchhändlers wird in einen Sack gesteckt und dieser vernäht, nachts vor die Stadt gekarrt und in einen Graben geworfen.

Nun sieht der junge Mann sich körperlos am Rand des Grabens sitzen. Er befindet sich in einer verzweifelten Stimmungslage. Die körperlose Gestalt erkennt in dieser Situation, dass noch so vieles zu erledigen gewesen wäre und sie nun an einer weiteren zügigen Entwicklung in der zerstörten Existenz gehindert wurde. In der folgenden Nacht, während die Frustration dieser einsamen Seele, am Graben verharrend, den Sack mit dem Leichnam vor sich, immer weiter voranschreitet, tritt aus dem Dunkel die Seele der Geliebten. Sie nimmt die verzweifelte und enttäuschte Seele des Tuchhändlers an ihre Seite und führt diese in ein helles, blendfreies Licht, das Liebe und Verständnis ausstrahlt.

Hier endet die erste Regression des Herrn Sch.

Zweiter Regressionsbericht des Herrn Sch.

Der Enkel des Müllers

An einem der folgenden Tage bat Herr Sch. um eine weitere Regression, da er für sich feststellen wollte, welchen Weg seine Seele nach dem Leben im Mittelalter genommen hatte. In ihm war noch immer ein Gefühl der Unzufriedenheit und der Unsicherheit bezüglich seiner dargestellten Problematik.

Folgende Szene wurde in der Regression erkannt:

Ein warmer Sommerabend ist angebrochen. Auf einer Wiese, die sich zwischen einer Mühle und einem Dorf befindet, treffen sich zwei Liebende. Beide befinden sich in einer katastrophalen seelischen Verfassung. Sie sind todunglücklich. Die junge Frau und Geliebte des jungen Mannes ist die Tochter eines wohlhabenden und einflussreichen Bauern. Sie muss am nächsten Tag den Sohn eines anderen Bauern aus ihrem Dorf ehelichen. Diesen Mann liebt sie nicht. Doch dafür haben ihre Eltern kein Verständnis. Für die Liebenden gibt es kein Entkommen. Der junge Mann ist Vollwaise und arm. Er wurde von seinem Großvater, einem armen Müller, aufgezogen und lebt auch bei diesem als Müller auf dessen Mühle.

Szenenwechsel.

Nachdem seine Liebe den Bauernsohn aus dem Nachbardorf geheiratet hat, geht der junge Mann als Soldat in ein Kriegsgebiet. Er meldet sich in der Auffassung, dass sein Leben ohne die geliebte Frau, mit der er sich sehr verbunden fühlte, sinnlos geworden ist.

An seiner Seite wird ein Munitionswagen in die vorderen Reihen eines Kampfgebietes transportiert. Plötzlich trifft eine Granate den Wagen und sprengt ihn mitsamt dem jungen Mann in die Luft. Dessen letzte Gedanken gelten seiner unglücklichen Liebe, nach der er sich verzehrt.

Erklärungsversuch

In den folgenden Gesprächen wird von Herrn Sch. die Meinung vertreten, dass die Seele der Geliebten im Mittelalter und die der Bauerntochter identisch seien. Er verstehe nun, was er in den Körpern seiner Partnerinnen vermisse: die Seele seiner großen Liebe aus vergangenen Zeiten.

Gemeinsame Inkarnationen

Schon früh fiel mir auf, dass Patienten nach einer Reinkarnationstherapie oder einer Regression immer wieder den persönlichen Eindruck entwickelten, mit dem einen oder anderen Menschen schon vor ihrer jetzigen Existenz verbunden gewesen zu sein.

Dieses Phänomen lässt sich dadurch erklären, dass Seelen nie allein inkarnieren, sondern immer in einem Verbund mit anderen Seelen, mit denen sie noch etwas aufzuarbeiten haben.

Immer wieder ist zu sehen, dass in diesem Leben Menschen Verbindungen eingehen, deren Charaktere eine starke Anziehungskraft ausüben. Diese Anziehungskraft kann sich positiv wie auch negativ auswirken.

Sympathische Menschen stehen an der Seite und unterstützen den Lebensweg. Weniger sympathische Menschen wirken ebenfalls auf den Lebensweg, auf Entscheidungen ein. Selbst Menschen die anscheinend nur Schädliches im Sinn haben, befinden sich im Wirkungskreis des Lebens.

Regressionsbericht Frau K., geboren 1955

THERAPEUT: »Wir gehen rückwärts in der Zeit … 1955, was sehen Sie?«

FRAU K.: »Dunkel.«

THERAPEUT: »Wir gehen weiter rückwärts in der Zeit … 1950 … 1920 …«

Frau K.: »1920. Jetzt sehe ich plötzlich Frauen mit Fla-
menco-Kleidern.«

Therapeut: »Was sehen Sie noch?«

Frau K.: »Mehr nicht!«

Therapeut: »Fühlen Sie etwas?«

Frau K.: »Kein Gefühl, nur ein Bild.«

Therapeut: »Wir gehen weiter zurück. 1915 … 1895 …«

Frau K.: »Ich sehe so etwas wie einen Grabstein, umgefal-
lene Grabsteine, aber kein Gefühl. Ist auch nur ein Bild.«

Therapeut: »Beschreiben Sie das Bild.«

Frau K.: »Da ist so ein Feld oder eine Wiese, wo umgefal-
lene Steine oder Grabsteine sind. Insgesamt ruhige Gegend. 1714 oder etwas später.«

Therapeut: »Was sehen Sie noch?«

Frau K.: »Da schiebt sich ein anderes Bild drüber –
Schwäne.«

Therapeut: »Weiter.«

Frau K.: »Ist nicht real, ist wie ein Bild. Die passen nicht
dazu. Die Grabsteine sind weg. 1714 … da sehe ich …«

Therapeut: »Was sehen Sie?«

Frau K.: »Jetzt sehe ich eine große Kirche. Da kommen
Leute aus der Tür. Alle schwarz gekleidet … Beerdigung
… Jetzt wird mir ganz kalt.«

Therapeut: »Beerdigung von wem?«

Frau K.: »Jetzt sehe ich jemanden aufgebahrt. Einen Mann
im Anzug, ziemlich jung.«

Therapeut: »Wer ist dieser junge Mann?«

Frau K.: »Ich sehe ihn nur, ich weiß es nicht.«

Therapeut: »Wo sind Sie auf dem Bild?«

Frau K.: »Ich stehe daneben. Ich fühle nichts. Ich sehe jetzt
eine Frau daneben stehen.«

Therapeut: »Wer ist die Frau?«

Frau K.: »Ja, das bin wohl ich.«

Therapeut: »Wie alt sind Sie?«

FRAU K.: »28 Jahre.«

THERAPEUT: »Was machen Sie in der Kirche?«

FRAU K.: »Ich stehe dort und schaue mir diesen Mann an.
Der Mann sieht aus wie Wachs, ganz friedlich.«

THERAPEUT: »Wer ist der Mann?«

FRAU K.: »Das war mein Mann.«

THERAPEUT: »Woran ist er gestorben?«

FRAU K.: »Tuberkulose.«

THERAPEUT: »Wie ist Ihr Name?«

FRAU K.: »Friedrich.«

THERAPEUT: »Mit Vornamen.«

FRAU K. : »Friedrich.«

THERAPEUT: »Sie heißen Friedrich?«

FRAU K.: »Nein, der Mann. Ich heiße Anna. Ich schaue ihn
mir an, aber ich bin nicht traurig. Er bedeutet mir nichts.
Ich weiß nur nicht, was jetzt aus mir wird.«

THERAPEUT: »Warum wissen Sie das nicht?«

FRAU K.: »Wir haben auf einem Gutshof gewohnt. Da bin
ich jetzt wohl das Eigentum.«

THERAPEUT: »Das Eigentum? Von wem?«

FRAU K.: »Von dem Herrn dort. – Ich sehe jetzt, wie er mich
im Zimmer verfolgt und mir an der Wäsche rumfum-
melt. Mich begrapscht und mir nachstellt. Das will ich
nicht, aber ich kann mich nicht wehren. Ich habe keine
Rechte dort.«

THERAPEUT: »Was geschieht weiter?«

FRAU K.: »Jetzt hat er mich aufs Bett geschmissen. Ich lasse
alles über mich ergehen. – Jetzt sehe ich mich am Meer
an so einer Klippe stehen. – Ich weiß nicht, ob ich runter-
springe. Ich habe so eine komische weiße Haube auf.«

THERAPEUT: »Was geschieht weiter?«

FRAU K.: »Ich stehe nur und weiß nicht, was ich tun soll.
Da sind aber auch Kinder. Zwei Kinder. Die halten mich
am Rock fest. Ich darf nicht springen, muss bleiben, auch

wenn ich keine Zukunft habe. Aber ich möchte nur sterben. Alles ist tot in mir.«

THERAPEUT: »Warum?«

FRAU K.: »Wo soll ich hin? Es ist nichts. Ich kann nur dort bleiben. Meinen Kindern wird es auch nicht besser ergehen. Sie sind alle sein Eigentum. Wenn ich gehe, muss ich die Kinder mitnehmen.«

THERAPEUT: »Was geschieht weiter?«

FRAU K.: »Ich gehe mit den Kindern wieder zurück zu diesem Hof. Ich muss mit meinen Kindern zusammen in den Tod gehen. Das ist die einzige Lösung. Ich habe die Verantwortung für sie. Es ist alles so hoffnungslos. Dieser Mann steht am Fenster und wartet, bis ich wiederkomme. Ich weiß genau, wenn ich zu alt bin, nimmt er meine Tochter. Das kann ich nicht zulassen. Ich nehme jetzt ein großes Messer in die Hand und bringe ihn um. Er versucht mich zu schlagen, aber ich bin schneller, dann meine Kinder, dann mich.

THERAPEUT: »Beschreibe das noch mal.«

FRAU K.: »Da liegen sie alle tot im Schlafzimmer. Liegen am Fußboden – niedergemetzelt.«

THERAPEUT: »Und Sie?«

FRAU K.: »Ich auch … Ich mich zum Schluss. Ich bin auch tot und der Fette auch. Dieser Mann, dieses Schwein. Das war die einzige Lösung.«

THERAPEUT: »Wie fühlen Sie sich?«

FRAU K.: »Befreit … Ja … Ich sehe mich mit meinen Kindern, wie wir uns an den Händen halten und nach oben steigen … Ja, jetzt sind wir frei. Das war der einzige Weg aus diesem Gefängnis … Jetzt sind wir frei.«

THERAPEUT: »Was geschieht weiter?«

FRAU K.: »Ich sehe jetzt nur dieses Haus … diesen Ort immer kleiner werden. Das berührt mich nicht mehr. Es ist aus. Es ist vorbei. Jetzt sehe ich ganz weit weg den Friedhof. Es ist ganz weit weg. Aber es berührt mich nicht mehr. Ich fühle mich ganz frei. Ich habe gemordet … Nein, das war … nein, das empfinde ich nicht so. Das war der einzige Weg … Jetzt wird der Ort immer kleiner und kleiner. Es ist vorbei.«

THERAPEUT: »Was geschieht jetzt weiter?«

FRAU K.: »Ich habe jetzt Frieden. Ich sehe auch nichts mehr. Ich habe das Gefühl, ich kann jetzt tief durchatmen. Ich sehe ständig so ägyptische Bilder.«

THERAPEUT: »Gehen Sie zu diesen Bildern. In welcher Zeit befinden Sie sich?«

FRAU K.: »3015 vor Christus.«

THERAPEUT: »Was sehen Sie?«

FRAU K.: »Es ist so ein Feld. Ich weiß nicht, was da wächst. So ein grünes, hohes Zeug. Ich verstecke mich. Laufe da geduckt durch.«

THERAPEUT: »Wer sind Sie?«

FRAU K.: »Ich bin ein Mann. Jedenfalls sehe ich dort einen Mann durchlaufen. – Nein, das bin ich nicht. Er will wohl zu mir. Ich bin in einem Tempel. Ich stehe mitten in einem Raum und dort brennt ein heiliges Feuer auf einer Säule. Ich warte auf diesen Mann. Ich sollte dort stehen bleiben und das Feuer bewachen. Das ist meine Aufgabe. Das gehört zu den Prüfungen, die ich habe. – Aber ich will das nicht.«

THERAPEUT: »Warum nicht?«

FRAU K.: »Ich möchte mit dem Mann zusammen sein. Das ist schöner als so ein blödes Feuer zu bewachen. Meine Dienerinnen wissen Bescheid. Ich schicke meine Dienerinnen in den Raum zu dem Feuer. Wenn etwas geschieht, sollen sie mich holen. Ich habe wunderschöne Gemächer. Ganz prunkvoll. Eine riesig große Badewanne. Da lege ich mich ins Wasser. Das ist ganz weiß, duftet schön.«

THERAPEUT: »Was geschieht weiter?«

FRAU K.: »Dann, ja ich bin, ja, immer noch in diesem riesigen Baderaum. Ich mache mich schön, weil mein Liebster gleich kommt. Bedufte mich, denke nicht mehr an das Feuer.«

THERAPEUT: »Was geschieht weiter?«

FRAU K.: »Muss ich das jetzt erzählen? Ich habe ein wunderschönes großes Bett. Roter Samt ... Viele Kerzen – schön. Ich soll Priesterin werden. Nie darf ein Mann mich berühren. Das will ich nicht! Bevor ich dem Leben entsage, will ich fühlen, wie ein Mann sich anfühlt, ein wunderschöner Mann – aber er liebt mich, würde für mich sterben. Vielleicht muss er das sogar – schon.«

THERAPEUT: »Was geschieht weiter?«

FRAU K.: »Wir lieben uns. Plötzlich ein Geschrei. Ich bin wie gelähmt. Ich weiß nicht so richtig, was geschieht. Dieser Mann ist weg ... durch das Fenster raus. Es sind Bewaffnete in meinem Zimmer mit Speeren und Lanzen. Ich bin immer noch wie betäubt. Ich weiß nicht, wie mir geschieht.«

THERAPEUT: »Was geschieht weiter?«

FRAU K.: »Sie nehmen mich und zerren mich raus in diesen Raum mit dem Feuer. Da stehe ich vollkommen nackt. Und die Priesterinnen, auch die hohe Priesterin, stehen dort – zeigen auf mich. Ich habe gegen das Gesetz verstoßen. Ich will auch keine Gnade. Nein, ich würde es wieder tun. Sie geben mir irgendwas zum Überziehen, einen Kittel. Dann komme ich in ein Loch – irgendwo unter meinen schönen Räumen.«

THERAPEUT: »Weiter!«

FRAU K.: »Da liege ich. Es ist dunkel. Ich weiß, was mich erwartet. Wenn sie nett sind, schicken sie mir noch eine Schlange. Im Moment geschieht gar nichts. Alles dunkel. Doch, ich sehe auch ein Licht. Es kommt aber nicht durch ein Fenster. Es ist ein anderes Licht. Es ist ganz viel Energie. Es ist eine Lichterscheinung.

THERAPEUT: »Was geschieht weiter?«

FRAU K.: »Jetzt liege ich auf dem Boden. Ich glaube, ich bin jetzt tot. Die haben mich geholt.«

THERAPEUT: »Wer hat Sie geholt?«

FRAU K.: »Meine Freunde, meine Helfer, meine Begleiter. Ja, die nehmen mich mit in das Licht.«

THERAPEUT: »Was geschieht weiter?«

FRAU K.: »Ich darf mit ihnen nach oben schweben. Es ist alles hell. Jetzt spüre ich, es war keine Sünde. Ich habe für die Liebe den Tod in Kauf genommen. Das ist keine Sünde, nein. Ich schwebe jetzt noch herum, aber ich sehe nichts mehr. Ich fühle mich unendlich leicht. Ich muss über die Priester lachen, wie sie da unten stehen mit ihrer verdorbenen Moral.«

THERAPEUT: »Wodurch bist du umgekommen?«

FRAU K.: »Gar nicht! Meine Seele hat den Körper verlassen. Ich bin gegangen. Ich bin geholt worden.«

THERAPEUT: Was geschieht weiter?«

FRAU K.: »Jetzt sehe ich nichts. Ich sehe Kosmos, Weiten.«

THERAPEUT: »Was siehst du in diesem Bereich?«

FRAU K.: »Ich sehe immer so etwas – so schwebend. Es sieht aus, als wenn im Apfelsaft Stückchen schweben und halb durchsichtig rumschweben – so leicht …

Ende der Regression.

Erklärungsversuch

In dieser Regression berichtete die Patientin mit großen Pausen zwischen den Sätzen. Nach der Behandlung auf die zögerliche Berichtsweise angesprochen, sagte Frau K., sie habe so viel an Nebenhandlungen, an Gefühlen in diesem Zeitraum erlebt, dass es ihr unmöglich gewesen sei, alles detailliert zu berichten.

Die Patientin erkannte in dem Vergewaltiger des ersten Teils der Regression die Seele ihres jetzigen Mannes, von dem sie seit Jahren getrennt lebte. Ihre Gefühle, die sie ihrem Mann entgegenbrachte, waren sehr ambivalent. Einerseits hatte sie Mitleid mit ihm. Zum anderen Teil verachtete sie ihn wegen seiner ehelichen Verhaltensweisen.

Regressionsbericht Frau B., geboren 1950

Kerkermeister

Frau B. sprach während der Anamnese von einer unwahrscheinlichen Hassliebe zwischen ihr und ihrem Vater. So beschrieb sie verschiedene Szenen des Familienlebens, in denen es zwischen Vater und Mutter, aber auch zwischen Vater und Tochter sehr turbulent zuging. Zudem fühlte sie sich bereits als sechsjähriges Kind von ihrem Vater körperlich abgestoßen.

Die Beziehung der Eltern wurde von einem mit aller Härte ausgetragenen Machtkampf geprägt. Der Vater war Dorflehrer und eine sehr dominante Erscheinung. Die Mutter hütete das Haus und erzog die Kinder. Drei Jungen und ein Mädchen hatte sie geboren. Die Patientin wusste nichts über Handgreiflichkeiten zwischen Vater und Mutter zu berichten. Sie erzählte aber von subtilen Suiziddrohungen der Mutter an die Adresse des Vaters und von Drohungen des Vaters, alles aufzugeben und ein freies Leben ohne Kinder und keifendes Weib führen zu wollen.

Frau B. bat um eine Regression. Mittlerweile war sie über fünfzig Jahre alt und hatte wie der Vater den Lehrerberuf ergriffen.

In der Regression erlebte sie eine Szene, in der sie zusammen mit einer anderen Frau in einen Kerker gesperrt wurde. Der Kerkermeister kam angetrunken in den verschmutzten und dunklen Raum, in dem die beiden Frauen vegetierten. Er wollte die Mitinhaftierte der Patientin aus dem Raum schleppen, in der eindeutigen Absicht, sie außerhalb des Verlieses zu vergewaltigen. Diese wehrte sich vehement. Der grobschlächtige Kerl ließ scheinbar von der sich wehrenden Frau ab. Doch dann versetzte er ihr mit einem Schlagstock einen kräftigen Hieb auf den Kopf. Die getroffene Frau sank mit zertrümmertem Schädel blutend zu Boden. Anschließend wand der Täter sich der damaligen Inkarnation der Patientin zu, schlug sie mit der Faust zu Boden und vergewaltigte sie neben der sterbenden, in einer Blutlache liegenden Frau.

Als die Patientin nach der Hypnose ziemlich frustriert von ihren Gefühlen während der Regression berichtete, stellte sie drei Dinge als besonderes Erleben heraus:

Sie erkannte in dem Kerkermeister die Seele ihres Vaters. In der ermordeten Frau spürte sie die Seele ihrer Mutter.

Sie erlebte nach der Hypnosesitzung noch immer die Nachwirkungen des gewaltsamen Eindringens des Kerkermeisters in ihren Körper.

Diese Regression half der Patientin, ihr Verhältnis zu ihrem Vater und die scheinbare Hassliebe der Eltern besser zu verstehen. Abschließend meinte sie: »In einem anderen Zeitalter als diesem hätte mein Vater trotz seiner Bildung meine Mutter mit großer Wahrscheinlichkeit wieder erschlagen.«

Regressionsbericht Frau N., geboren 1962

Vater und Tochter

Frau N., eine 28-jährige verheiratete Frau, kam in die Praxis. Sie trug seit längerer Zeit ein Problem mit sich herum, das sie weder ihrem Mann noch irgendeinem anderen Vertrauten erzählen wollte.

Seit einiger Zeit hatte sie, wenn sie mit ihrem Mann Intimitäten austauschte, zunehmend das Gefühl, ihr Gatte sei in einer früheren Inkarnation ihr Vater gewesen. Dieses Empfinden irritierte sie im Laufe der Zeit ziemlich. Erst hielt sie es für eine »Spinnerei« ihrerseits, die sich mit der Zeit von selbst erledigen würde. Doch das Gegenteil trat ein. Der Gedanke beherrschte die Patientin immer mehr. Positiv war zu bewerten, dass die Liebe zu ihrem Mann in keiner Weise gelitten hatte. Der Gedanke an eine seelische Übereinstimmung von Ehemann und Vater aus einer früheren Inkarnation wurde ihr immer lästiger, weil sie sich keine Erklärung für diese Empfindung geben konnte.

In der angesetzten Regression wurde folgende Szene erlebt:

Man dürfte die Jahre 1920 bis 1930 geschrieben haben. Eine junge, hübsche Frau geht mit ihrem Vater spazieren. Auf der gegenüberliegenden Straßenseite befindet sich ein Kleidergeschäft. Die Auslage im Schaufenster zieht die junge Frau in ihren Bann. Sie eilt über die Straße und übersieht dabei ein Auto, das auf sie zurast. Der Autofahrer erkennt die Passantin zu spät und schleudert sie über die Straße vor die Füße des entsetzt dastehenden Vaters. Sterbend blickt diese den Vater an. Als der erkennt, dass seine geliebte Tochter im Sterben liegt, bricht er mit einem Herzanfall zusammen.

Szenenwechsel:

Der Vater der bei dem Autounfall getöteten jungen Frau
liegt im Bett. Vor dem Bett steht die Seele der verunglück-
ten Tochter und wartet auf die Seele des Vaters, wohl wis-
send, dass diese in nächster Zeit in ihre Dimension über-
wechseln wird. Nach zwei Tagen ist es so weit. Die Seele
des Vaters verlässt den Körper und wendet sich beglückt
der Seele der verstorbenen Tochter zu. Gemeinsam gehen
sie in ein helles Licht.

Anschließend berichtete die Patientin weiter. In der in
der Regression beschriebenen Situation sei die Mutter
schon sehr früh gestorben. Der Vater habe nie wieder geheiratet. Er sagte, eine solche Liebe, wie er sie zu seiner
Frau empfunden habe, könne er keiner anderen Partnerin
schenken.

Schon früh arbeitete die Tochter bei ihrem Vater in dessen Krämerladen als Aushilfe mit. Die Vater-Tochter-Be-
ziehung wurde von einer tiefen Zuneigung und Bewunde-
rung für- und zueinander geprägt. Die Patientin beschrieb
den Vater als einen äußerst sensiblen und liebevollen Menschen. Er hatte immer ein offenes Ohr für die Sorgen seiner Bekannten und Kunden und versuchte, obwohl selbst
nicht wohlhabend, finanziell zu helfen, wo es ihm möglich
war.

Die Tochter hatte sich menschlich und schulisch den Er-
wartungen des Vaters entsprechend entwickelt. Kurz bevor
das Unglück geschah, hatte sie sich an einer Universität
zum Studium eingeschrieben. Beide, Vater und Tochter,
waren mit ihrem Leben zufrieden.

Erklärung der Patientin

Einige Tage nach der Regression teilte die Patientin in der
Praxis mit, dass sie jetzt eine viel tiefere Liebe ihrem Mann
gegenüber empfinden könne. Das irritierende Gefühl, das
mehr und mehr von ihr Besitz zu ergreifen gedroht hatte,
sei verschwunden.

HASS

Immer wieder wird die Frage nach dem Bestand negativer emotioneller Erregung gestellt. Zum Beispiel dahingehend, ob der Hass mit all seinen destruktiven Absichten auch im Jenseits Bestand habe.

Beim Übergang von der einen in eine andere Dimension, die von den verschiedensten Glaubensrichtungen als Himmel, Paradies, Fegefeuer oder Hölle bezeichnet wird, streifen wir nur unseren Körper ab. Die seelischen Eigenarten, die unsere Persönlichkeit auch in der dreidimensionalen Welt ausmachen, bleiben vollständig erhalten. Auch trifft den in das Jenseits Gehenden kein Blitzstrahl des Wissens und der Weisheit.

Wir sind wir selbst und bleiben dies in der ganzen Schönheit oder Begrenztheit unserer in dieser Existenz erworbenen Fähigkeiten.

Der Hass stellt eine enorme Energie dar, die den davon Beherrschten auch im Jenseits in seiner Entwicklung sehr stark einschränkt. Der Hasserfüllte ist unfähig, die helfenden Seelen zu erkennen und sich diesen anzuvertrauen. Der Hass treibt die Seele auch wieder zur Regression mit den Seelen, mit denen sie noch einiges aufzuarbeiten hat. Leider werden die in der letzten Existenz erlebten Gefühle auch in dem neuerlichen Leben gelebt. Es bedarf einer ungeheuren Anstrengung der betroffenen Seele, ihre Hassempfindungen in Gefühle der Liebe und in Begreifen zu formatieren.

Hierzu ein Beispiel:

1980 kam eine 22-jährige junge Frau in die Praxis. Sie habe einen Mann geheiratet, den sie zwar sehr liebe, dessen Vergangenheit und dessen Kinder, die er mit in die Ehe brachte, ihr aber erhebliche Probleme bereiteten.

Die Problematik, die sich im Verlaufe des ersten Gespräches herauskristallisierte, war erschreckend. Die besagte junge Dame wurde von einem Hass zerfressen, der sich auf alles bezog, was ihr Mann – er war ungefähr zehn Jahre älter als sie – vor der Zeit mit ihr erlebt hatte.

Auch seine drei Kinder aus erster Ehe, die er in die Beziehung mitbrachte, darunter ein dreijähriger Junge, wurden mit einem unaussprechlichen Hass bedacht. Aussagen wie: »Ich darf mir gar nicht vorstellen, dass die erste Frau meines Mannes diese Kinder auf die Welt gebracht hat. Tue ich es doch, dann wird mir schlecht! Dann kann ich die Kinder nicht mehr anfassen«, waren noch Aussprüche der harmloseren Sorte. In regelrecht hysterischen Ausbrüchen verlangte die Patientin im Laufe weiterer Psychotherapien nach einer Klärung ihres Hassgefühls mittels hypnotischer Regression. Nach äußerst sorgfältiger Vorbereitung wurde dann eine Hypnosesitzung, eine Regression, durchgeführt.

Regression Frau C.

1625, Norddeutschland, Dänemark, ein Land an der Nordsee.

Eine junge Frau ist in einem reetgedeckten Haus. Ihr Mann befindet sich außerhalb des Hauses auf einer Weide. Ein Reiter naht, hält sein Pferd vor dem Haus an, steigt ab und betritt das Haus.

Der Ehemann erlebt die Szene in furchtbarer Ohnmacht mit und wartet, bis der Reiter wieder das Haus verlässt. Bei dem Reiter handelt es sich um seinen Lehnsherrn. Dem

Mann ist bewusst, dass seine Frau eine sexuelle Beziehung zu ihm unterhält.

Szenenwechsel:

Der Ehemann befindet sich im Krieg. Er erlebt und verübt Gräueltaten an Frauen, die am Boden angepflockt sind. Er sieht in diesen armen, gequälten Kreaturen immer wieder seine Frau, an der er sich dadurch rächt. Seine Soldatenfreunde und er vergewaltigten die am Boden liegenden und angepflockten Frauen. Anschließend schneiden sie die Frauen mit ihren Messern auf die körperlichen Maße zurecht, die sie sich als Schönheitsideal ausmalen.

Szenenwechsel:

Kriegsgetümmel. Ein Speer trifft den Ehemann. – Tod.

Erkenntnis der Patientin

Die junge Frau erkannte sich als Seele des Ehemannes.

Der Reiter, der sich mit der Frau im Haus vergnügte, war ihr jetziger Ehemann.

Die Frau, die den Reiter empfing, wurde als die Exfrau ihres jetzigen Mannes beschrieben.

Nachgedanken zu dieser Regression

Hass war die Triebfeder dieser weiteren Inkarnation. Dieses Mal wollte diese Seele das Leid, das sie selbst erfahren hatte, dem Verursacher – dem Reiter – antun. Er sollte das gleiche Gefühl der Hilflosigkeit, der Ohnmacht und des unsagbaren Leides erleben, wie sie es selbst erlebt hatte. Sie erlebte in der jetzigen Situation eine Liebe, die von ihrer Seite durch Hassempfindungen geprägt war und die letztendlich ihr Leben negativ beeinflusste.

Die Patientin wollte keine weitere Regression, vermied auch eine weiterführende Therapie, die sich ihr und ihrer Problematik gewidmet hätte.

Später wurde bekannt, dass diese Patientin beinahe ein Kind ihres Mannes getötet hätte. Die Ehe wurde daraufhin geschieden. Die Patientin wanderte nach Übersee aus.

Regressionsbericht von Frau A., geboren 1961

THERAPEUT: »Wir gehen rückwärts in der Zeit … 1965. Was sehen Sie?«

FRAU A.: »Einen Garten, zu Hause.«

THERAPEUT: »1961. Was sehen Sie?«

FRAU A.: »Es wird hell.«

THERAPEUT: »Wir gehen zurück in der Zeit. Sobald Sie etwas sehen …«

FRAU A.: »1935. Ich sehe Soldaten … 1940.«

THERAPEUT: »Was sehen Sie weiter?«

FRAU A.: »Ein paar Soldaten auf dem Feld. Kann nichts Genaues erkennen.«

THERAPEUT: »Gehen Sie weiter zurück, bis Sie etwas erkennen … Was sehen Sie?«

FRAU A.: »Das Bild ist wieder weg … Jetzt sehe ich gar nichts mehr.«

THERAPEUT: »Wie fühlen Sie sich?«

FRAU A.: »Ruhig … Ich muss weiter zurückgehen.«

THERAPEUT: »Gehen Sie selbstständig zurück in der Zeit, bis Sie etwas sehen, und berichten Sie davon.«

FRAU A.: »Ein Soldat. Er liegt in meinem Arm mit einer Schussverletzung.«

THERAPEUT: »In welchem Jahr sind Sie?«

FRAU A.: »1910.«

THERAPEUT: »Was geschieht weiter?«

FRAU A.: »Er liegt da … einfach … er ist verwundet.«

THERAPEUT: »Wer sind Sie?«

FRAU A.: »Eine Frau, vielleicht eine Bäuerin.«

THERAPEUT: »Was geschieht weiter?«

FRAU A.: »Ich sehe nur das Bild.«

THERAPEUT: »Müssen Sie weiter zurück in der Zeit?«

FRAU A.: »Ja.«

THERAPEUT: »Gehen Sie weiter zurück in der Zeit … Was sehen Sie?«

FRAU A.: »Noch nichts.«

THERAPEUT: »In welchem Jahr sind Sie?«

FRAU A.: »1865.«

THERAPEUT: »Gehen Sie weiter zurück, bis Sie etwas sehen, hören oder fühlen, und berichten Sie davon.«

FRAU A.: »Ein Pferdefuhrwerk. Da sitzen zwei Menschen drauf. Ein älteres Paar.«

THERAPEUT: »Weiter.«

FRAU A.: »Ich stehe an der Landstraße und sie fahren an mir vorbei. Ich schaue ihnen nach.«

THERAPEUT: »Wie alt sind Sie?«

FRAU A.: »Zwanzig.«

THERAPEUT: »Welches Geschlecht?«

FRAU A.: »Männlich, junger Mann.«

THERAPEUT: »Welches Jahr haben wir?«

FRAU A.: »1820.«

THERAPEUT: »Was geschieht weiter?«

FRAU A.: »Ich stehe da, ganz allein.«

THERAPEUT: »Gehen Sie weiter in der Zeit. Was geschieht weiter?«

FRAU A.: »Der Mann … der Mann auf dem Fuhrwerk dreht sich um und schießt.«

THERAPEUT: »Er dreht sich um und schießt? Auf wen?«

FRAU A.: »Auf mich … und ich bin verwundet.«

THERAPEUT: »Wo sind Sie verwundet?«

FRAU A.: »An der Schulter ... und die fahren weg.«

THERAPEUT: »Was geschieht weiter?«

FRAU A.: »Ich liege am Boden und bin verwundet. Mir ist heiß und niemand ist da.«

THERAPEUT: »Was geschieht weiter?«

FRAU A.: »Es kommt ein großer Vogel ... ich sehe Vögel fliegen.«

THERAPEUT: »Weiter.«

FRAU A.: »Es ist, als ob ich wegfliege.«

THERAPEUT: »Wohin?«

FRAU A.: »Ich verlasse den Ort.«

THERAPEUT: »Welcher Ort war das?«

FRAU A.: »Ich weiß es nicht. Ein staubiges Feld. Ich bin gar nicht mehr verwundet.«

THERAPEUT: »Was geschieht weiter?«

FRAU A.: »Es ist hell und friedlich. Und der Körper von dem jungen Mann liegt da ... tot?«

THERAPEUT: »Was geschieht weiter?«

FRAU A.: »Es ist wie eine weiße Wand. Da fliege ich hin.«

THERAPEUT: »Weiter.«

FRAU A.: »Es ist sehr angenehm. So von Weitem zu betrachten, dass der Körper da liegt, dass das Fuhrwerk weiter wegfährt. Das macht mir nichts ... und irgendwie zieht es mich weiter weg ... weiter nach oben ... ganz hell. Es ist, als ob ich immer weniger werde.«

THERAPEUT: »Wie fühlen Sie sich?«

FRAU A.: »Leicht und froh.«

THERAPEUT: »Was geschieht weiter?«

FRAU A.: »Jetzt ist alles nur noch Licht. Ich sehe sonst nichts mehr. Es ist alles eins.«

THERAPEUT: »Was geschieht weiter?«

FRAU A.: »Ich gehe weiter zurück. Irgendetwas zieht mich ganz stark nach hinten. Es ist dunkel und Feuer.«

THERAPEUT: »Dunkel und Feuer?«

FRAU A.: »Und schwarzer Rauch.«

THERAPEUT: »Wo sind Sie jetzt?«

FRAU A.: »In Frankreich. Die haben Uniformen an … so alte.«

THERAPEUT: »Wer sind Sie?«

FRAU A.: »Französische Soldaten.«

THERAPEUT: »Und Sie persönlich?«

FRAU A.: »Es ist, als ob ich weggeflogen wäre von einer Explosion. Und ich liege auf dem Boden, auf dem Rücken. Da steht ein Soldat mit einem Gewehr mit einer Spitze dran und bedroht mich damit.«

THERAPEUT: »Was macht der Soldat?«

FRAU A.: »Er zielt mit dem Gewehr auf mich. Aber er zögert.«

THERAPEUT: »Was geschieht weiter?«

FRAU A.: »Der tritt mich einfach mit den Füßen und lacht.«

THERAPEUT: »Weiter.«

FRAU A.: »Es ist, als ob er mit mir spielt.«

THERAPEUT: »Was geschieht weiter?«

FRAU A.: »Er hört gar nicht auf. Ich krümme mich zusammen. Er schlägt weiter zu. Es kommen andere dazu und schauen.«

THERAPEUT: »Weiter.«

FRAU A.: »Er tritt weiter zu, in den Bauch. Ich sehe, wie Blut aus meinem Mund fließt.«

THERAPEUT: »Gehen Sie weiter.«

FRAU A.: »Die gehen weg und lassen mich liegen.«

THERAPEUT: »Was geschieht weiter mit Ihnen?«

FRAU A.: »Es geht nicht weiter. Ich liege da, immer noch zusammengekrümmt. Ich fühle gar nichts.«

THERAPEUT: »Gehen Sie weiter voran. Was sehen Sie?«

FRAU A.: »Ich sehe einen Galgen. Da hängen sie mich auf.«

THERAPEUT: »Welches Jahr?«

Frau A.: »1735.«
Therapeut: »Wie fühlen Sie sich?«
Frau A.: »Ruhig.«
Therapeut: »Was geschieht weiter?«
Frau A.: »Ich sehe mich selber da hängen.«

Hier wurde die Regression, bedingt durch Zeitablauf, beendet.

Regressionsbericht von Frau E., geboren 1963

Therapeut: »Wir gehen zurück in der Zeit, 10. Oktober 1963, was sehen Sie?«
Frau E.: »Ich sehe blaue Farben, verschleiert.«
Therapeut: »Wir gehen weiter zurück in der Zeit … 1950, was sehen Sie?
Frau E.: »1950? Ich sehe einen Kristall.«
Therapeut: »Was für einen Kristall?«
Frau E.: »Er verschwindet immer wieder.«
Therapeut: »Gehen Sie weiter zurück, bis das Bild klar wird.«
Frau E.: »1935 … Ich sehe helle Farben … ein helles Blau.«
Therapeut: »Was geschieht weiter?«
Frau E.: »Ich kann nichts erkennen.«
Therapeut: »Gehen Sie weiter zurück … 1930 … 1885 … Was sehen Sie? … 1875 …«
Frau E.: »Einen Raum, aber ich kann es nicht deuten.«
Therapeut: »Was ist in dem Raum?«
Frau E.: »Ich glaube … das ist eine Kirche.«
Therapeut: »Wo sind Sie?«
Frau E.: »Ich sehe nur eine Kirche, also einen Raum.«
Therapeut: »Gehen Sie selbstständig weiter zurück, bis Sie mehr sehen.«

Frau E.: »Das ist eine Kapelle in einer Burg.«

Therapeut: »Beschreiben Sie die Kapelle.«

Frau E.: »Die ist klein mit vielen Holzornamenten. Was ganz Besonderes.«

Therapeut: »Wer ist in der Kapelle?«

Frau E.: »Da ist eine Frau und die betet.«

Therapeut: »Wie alt ist die Frau?«

Frau E.: »35 Jahre.«

Therapeut: »Kennen Sie die Frau?«

Frau E.: »Ja, ich glaube, das bin ich.«

Therapeut: »Warum beten Sie?«

Frau E.: »Weil ich sehr gläubig bin.«

Therapeut: »Wer sind Sie?«

Frau E.: »Wer ich bin? Ich wohne in der Burg. Die Frau, die betet, ist auch traurig. Sie weint.«

Therapeut: »Warum weint sie?«

Frau E.: »Sie ist unglücklich.«

Therapeut: »Warum ist sie unglücklich?«

Frau E.: »Sie ist allein.«

Therapeut: »Warum ist sie allein?«

Frau E.: »Weil sie allein ist. Weil ihr Mann nicht da ist. Weil sie allein ist.«

Therapeut: »Wo ist ihr Mann?«

Frau E.: »Er ist im Krieg.«

Therapeut: »Welches Jahr haben wir?«

Frau E.: »1525«

Therapeut: »In welchem Land befinden Sie sich?«

Frau E.: »In Deutschland.«

Therapeut: »Wie heißt die Burg? … Wissen Sie, wie Sie heißen?«

Frau E.: »Nein, kann ich nicht sagen.«

Therapeut: »Wie heißen Sie? Fällt Ihnen ein Namen ein?«

Frau E.: »Katharina.«

Therapeut: »Gehen Sie in die Zeit, in der Ihr Mann bei
Ihnen ist, und berichten Sie davon.«

Frau E.: »Das ist eine sehr glückliche Zeit. Ein sehr liebevoller Mann. Wir sind beide sehr glücklich.«

Therapeut: »Wie alt sind Sie?«

Frau E.: »25 …, jünger … 21.«

Therapeut: »Können Sie Ihren Mann beschreiben?«

Frau E.: »Er ist groß, schlank, sehr gut aussehend, blond,
blondes gewelltes Haar.«

Therapeut: »Wie alt ist Ihr Mann?«

Frau E.: »24.«

Therapeut: »Gehen Sie wieder in die Zeit in der Kapelle.
Was geschieht weiter?«

Frau E.: »Mein Mann ist tot. Ich habe keine Kinder und
werde gemieden in der Burg.«

Therapeut: »Warum?«

Frau E.: »Weil ich mit Menschen liebevoll umgehen will.
Weil ich Armen helfen will.«

Therapeut: »Was geschieht weiter?«

Frau E.: »Ich werde ausgestoßen. Ich muss gehen. Ich lebe
selber in ganz armen Verhältnissen.«

Therapeut: »Von wem werden Sie ausgestoßen?«

Frau E.: »Von der Familie meines Mannes. … Und die Burg
heißt Lothringen … Dies schwirrt mir im Kopf rum … ich
weiß es nicht – ob das mit der Burg – ich weiß es nicht.«

Therapeut: »Was geschieht weiter mit Ihnen?«

Frau E.: »Ich lebe bei den armen Leuten in den Hütten,
nicht mehr in der Burg, sondern beim Volk. Aber ich bin
da nicht mehr einsam.«

Therapeut: »Warum nicht?«

Frau E.: »Weil ich dort wieder frei leben kann. Ich werde nicht
bewacht. Wir arbeiten miteinander. Wir lachen miteinander und ich kann die Liebe weitergeben, weitertragen.«

Therapeut: »Wie geht es weiter?«

FRAU E.: »Ich wachse innerlich wieder. Und ich bin in dem
Dorf eine angesehene Frau.«

THERAPEUT: »Wie nennt man Sie?«

FRAU E.: »Schwester. Ich bin in einen Orden eingetreten.
Ich habe mit der Kirche zu tun. Ich lebe allein. Nicht mit
einem Mann.«

THERAPEUT: »Wie alt sind Sie jetzt?«

FRAU E.: »45.«

THERAPEUT: »Was geschieht weiter?«

FRAU E.: »Ich werde wieder bedroht von Soldaten.«

THERAPEUT: »Warum?«

FRAU E.: »Wegen des Glaubens. Das ist die Familie meines
Mannes.«

THERAPEUT: »Was geschieht weiter?«

FRAU E.: »Sie töten mich.«

THERAPEUT: »Wie?«

FRAU E.: »Mit dem Schwert.«

THERAPEUT: »Was geschieht weiter?«

FRAU E.: »Es wird hell. Es wird ganz hell und ich gehe dem
Licht entgegen.«

THERAPEUT: »Weiter?«

FRAU E.: »Ich bin umhüllt von weißen Wolken.«

THERAPEUT: »Wie fühlen Sie sich?«

FRAU E.: »Frei, erleichtert.«

Ende der Regression.

Keine Erklärungsmöglichkeiten durch Außenstehende

Zu vielen Regressionsberichten konnte keine Erklärung gegeben werden, da die Patienten lediglich zum Erleben einer
Regression in die Praxis kamen.

Was aber jedes Mal nach einer erfolgreich durchgeführten Regression von mir beobachtet werden konnte, war, dass die Angst vor dem Tod und die Ungewissheit – was kommt danach – in den Hintergrund traten.

Regressionsbericht von Frau A., geboren 1961

Eines Tages kam Frau A. in die Praxis. Sie berichtete von therapieresistenten Unterleibsschmerzen. Ein befreundeter Arzt hatte der Patientin eine Regressionsbehandlung empfohlen. Er meinte, vielleicht könne diese Art der Therapie eine Erklärung für die konstanten Schmerzen aufzeigen.

THERAPEUT: »Gehen Sie zurück in der Zeit, bis zur Ursache Ihrer jetzigen Beschwerden.«

FRAU A.: »Jetzt habe ich Angst, kann nichts sehen.«

THERAPEUT: »Sie haben Angst und können nichts sehen? – Habe ich das richtig verstanden?«

FRAU A.: »Ja.«

THERAPEUT: »Wovor haben Sie Angst?«

FRAU A.: »Ich weiß es nicht.«

THERAPEUT: »Gehen Sie weiter zurück, bis Sie die Ursache Ihrer Angst finden. – Was sehen Sie?«

FRAU A.: »Es ist nur dunkel.«

THERAPEUT: »In welchem Jahr sind Sie?«

FRAU A.: »1835.«

THERAPEUT: »Gehen Sie weiter zurück, bis es hell wird. – Was sehen Sie?«

FRAU A.: »Die Angst ist weg. Es ist hell. Ich sehe eine Felsenwand. – Und ganz oben verstecke ich mich. Aber ich weiß nicht, wovor.«

THERAPEUT: »Wer sind Sie?«

FRAU A.: »Eine Frau, eine junge Frau.«

THERAPEUT: »Wie alt sind Sie?«

FRAU A.: »25 …« (mit leicht fragendem Unterton)

THERAPEUT: »Wie heißen Sie?«

FRAU A.: »Ich weiß es nicht.«

THERAPEUT: »Was geschieht weiter?«

FRAU A.: »Ich schaue nach unten und habe Angst runterzufallen. Da ist noch jemand hinter mir.«

THERAPEUT: »Wer ist hinter Ihnen?«

FRAU A.: »Ein Mann.«

THERAPEUT: »Was hat der Mann mit Ihnen zu tun?«

FRAU A.: »Er ist wie ein Freund – und trotzdem habe ich Angst, dass er mich runterstößt. – Und ich kann da nicht weg, weil der Mann den Weg versperrt. – Unten fahren wieder diese Planwagen.«

THERAPEUT: »Was will der Freund von Ihnen?«

FRAU A.: »Er bedroht mich.«

THERAPEUT: »In welcher Art?«

FRAU A.: »Von dem Felsen – da geht es weiter hinunter. – Und jetzt falle ich.«

THERAPEUT: »Was geschieht weiter?«

FRAU A.: »Ich sehe mich unten liegen. Es geht alles so langsam.«

THERAPEUT: »Was geht so langsam?«

FRAU A.: »Es geht ganz lang, bis ich unten ankomme, und ich liege schon ganz lang da.«

THERAPEUT: »Was heißt ›ganz lang‹?«

FRAU A.: »Es ist so zäh, bis ich was Neues sehe, bis sich das verändert.«

THERAPEUT: »Bleiben wir einmal bei dem Mann. Warum drängte er Sie an den Rand?«

FRAU A.: »Der wollte irgendwas von mir. Das hatte er nicht bekommen. Ich glaube, er wollte mich.«

THERAPEUT: »Wie alt ist er?«

FRAU A.: »Er ist auch ein junger Mann. So alt wie ich vielleicht. Ein bisschen älter. Er ist ein schöner Mann. Er schaut aus wie mein erster Mann.«

THERAPEUT: »Wie kam es so weit?«

FRAU A.: »Wir haben irgendwie zu tun mit der Karawane, die unten vorbeifuhr.«

THERAPEUT: »Was haben Sie damit zu tun?«

FRAU A.: »Ich will da nicht mitfahren. Aber er will das. Weit weg.«

THERAPEUT: »Wohin?«

FRAU A.: »Nach Frankreich?«

THERAPEUT: »Wo sind Sie jetzt?«

FRAU A.: »Ich liege immer noch und habe mich ganz lange angeschaut. Jetzt wirft er Steine und Felsbrocken auf mich herunter. – Ich war noch nicht tot.«

THERAPEUT: »Sie waren noch nicht tot?«

FRAU A.: »Nein, er hat mich immer angeschaut. Er hat schwarze Stiefel an. – Ich war ihm gar nicht böse dafür, dass er mich runtergeschubst hat. – Jetzt hat er Felsbrocken auf mich geworfen. Es ist alles zertrümmert. Das ganze Becken ist zertrümmert. – Jetzt ist es, als ob ich wegfliege, und ich sehe mich da liegen. – Es ist ganz hell. Ich kann gar nichts anderes mehr sehen. Ich bin ganz leicht und friedlich.«

THERAPEUT: »Was macht der Mann weiter?«

FRAU A.: »Ich bin gar nicht mehr dort.«

THERAPEUT: »Wo sind Sie jetzt?«

FRAU A.: »Nur Licht!« (Patientin lächelt) – »Es ist ganz schön hier.«

THERAPEUT: »Was ist schön?«

FRAU A.: (Patientin lächelt noch immer) »So friedlich und voller Liebe und ich kann fliegen. – Nein, ich habe mich einfach aufgelöst. Ich bin nur noch Gefühl.«

THERAPEUT: »Wie fühlen Sie sich?«

FRAU A.: »Glücklich.«

THERAPEUT: »Was geschieht weiter?«

Frau A.: »Es sind noch mehr da, so wie ich. Da sind mein Bruder und mein Onkel.«

Therapeut: »Was tun sie?«

Frau A.: »Die stehen da, als ob sie auf mich warten. Da ist noch eine Frau. Aber ich weiß nicht, wer das ist. Die Frau ist viel kleiner als die anderen beiden.«

Therapeut: »Was geschieht weiter?«

Frau A.: »Das alles löst sich auf. Das Licht geht weg.«

Therapeut: »Weiter.«

Frau A.: »Ich sehe ein Schafott und eine Hinrichtung. Ein alter Mann wird hingerichtet und ich schaue zu.«

Therapeut: »Wer sind Sie?«

Frau A.: »Das weiß ich nicht. Ich habe so einen dreieckigen Hut auf.«

Therapeut: »Welches Geschlecht haben Sie?«

Frau A.: »Männlich.«

Therapeut: »Welches Jahr?«

Frau A.: »1820. – Nein, das ist viel früher. Jetzt sehe ich 1720.«

Therapeut: »Hat das letzte Leben, das Sie gesehen haben, als Frau, mit Ihren jetzigen Beschwerden zu tun?«

Frau A.: »Ja. Dieser Stein …, das ganze Becken zertrümmert, … alles.«

Therapeut: »Warum machte dieser Mann das?«

Frau A.: »Er hat mich nicht so geliebt wie ich ihn. Er wollte das Kind nicht.«

Therapeut: »Welches Kind?«

Frau A.: »Ich war schwanger von dem … ja.«

Therapeut: »Was sehen Sie noch?«

Frau A.: »Ich sehe, dass ich schwanger bin, und ich sehe, dass dieser Stein alles zertrümmert hat, das Kind und mich. Das war ein Mädchen.«

Therapeut: »Im wievielten Monat waren Sie schwanger?«

Frau A.: »Im vierten. Es war noch ganz klein.«

Therapeut: »Gehen Sie wieder in den Bereich des Jenseits, in dem Sie so glücklich waren. Was sehen Sie? Oder was fühlen Sie?«

Frau A.: »Ich habe Schwierigkeiten, da hinzukommen.«

Therapeut: »Gut, es muss ja auch nicht sein. Was fühlen Sie jetzt?«

Frau A.: »Ich bin wieder ganz leicht. Ganz ruhig. Aber es ist auch ein Schmerz wegen dem Kind.«

Therapeut: »Sehen Sie das Kind?«

Frau A.: »Es ist da, auf dem Arm.«

Therapeut: »Es ist da, auf dem Arm?«

Frau A.: »Ja.«

Therapeut: »Wie fühlen Sie sich?«

Frau A.: »Traurig und glücklich.«

Therapeut: »Warum traurig, warum glücklich?«

Frau A.: »Traurig über das, was war, und glücklich, dass es da ist, dass wir so tief verbunden sind.«

Therapeut: »Erkennen Sie in Ihrer jetzigen Existenz Zusammenhänge zwischen den Seelen?«

Frau A.: »Dieser Mann ist mein erster Mann.«

Therapeut: »Das Mädchen?«

Frau A.: »Ich denke immer meine Tochter.«

Therapeut: »Wie fühlen Sie sich?«

Frau A.: »Irgendwie erleichtert, und immer noch dieser Schmerz. Es drückt so auf die Kehle.«

Therapeut: »Woher kommt dieser Schmerz?«

Frau A.: »Ja, was mit dem Kind passiert ist. Ich hätte es so gerne gehabt.«

Erklärungsversuch

Der junge Mann, der die Patientin in der letzten Existenz ermordete, erschien der Patientin wieder in ihrer momentanen Existenz. Die Anziehungskraft der Seelen war so stark, dass nochmals eine Verbindung, in diesem Falle eine Ehe, eingegangen wurde. Dieses Mal endete die Beziehung nicht durch einen Mord. Nach einem fürchterlichen Rosenkrieg, der mit Gewaltattacken des Ehemannes gegen seine Frau einherging, wurde die Ehe geschieden.

Die Tochter der Patientin, so fühlt und vermutet die Patientin, ist die Seele des im Mutterleib getöteten Kindes der früheren Existenz.

Auch hier ist deutlich zu erkennen, dass die Seelen nie allein und verlassen von Erfahrungen vergangener Existenzen inkarnieren. Sie befinden sich in einem Gruppenverbund mit anderen Seelen. Jede dieser Seelen hat in der jetzigen Existenz neue Erfahrungen mit den anderen Seelen zu durchleben. Mit Seelen, die in vergangenen Zeiten mit ihnen verbunden waren, aber auch mit Seelen, die neu ins aktuelle Dasein treten. Dadurch erhält jede Seele die Möglichkeit, vergangene Fehler auszugleichen, zu lernen. In jeder Existenz ist so ein Fortschritt ersichtlich.

Regression von Frau H., geboren 1960

THERAPEUT: »Wir gehen rückwärts in der Zeit. 1960, was sehen Sie?«

FRAU H.: »Nichts.«

THERAPEUT: »Wir gehen rückwärts in der Zeit …«

FRAU H.: »Ich sehe nur meinen Bruder. Ich spüre eine Traurigkeit. Ein Kind sitzt auf dem Teppich.«

THERAPEUT: »Welches Jahr haben wir?«

FRAU H.: »1955 …, ich denke …«

THERAPEUT: »Wer ist das Kind?«

FRAU H.: »Es ist mein Bruder.« (Frau H. beginnt zu weinen.)

THERAPEUT: »Was sehen Sie weiter?«

FRAU H.: »Er spielt.«

THERAPEUT: »Wo ist Ihre Mutter?«

FRAU H.: »Die ist auch im Zimmer.«

THERAPEUT: »Was geschieht weiter?«

FRAU H.: »Nichts.«

THERAPEUT: »Wir gehen weiter rückwärts in der Zeit …
1950, gehen Sie weiter zurück in der Zeit … 1850 … Gehen Sie weiter zurück in der Zeit. Wenn Sie etwas sehen,
berichten Sie davon.«

FRAU H.: »1600, ich stehe auf einem großen Felsen und
schaue auf das Meer hinunter.«

THERAPEUT: »Wie alt sind Sie?«

FRAU H.: »Keine Ahnung.«

THERAPEUT: »Sehen Sie sich?«

FRAU H.: »Ich sehe nur eine Frau von hinten.«

THERAPEUT: »Was geschieht weiter?«

FRAU H.: »Die Frau ist ganz in Schwarz, hat aber einen Hut
auf. Irgendwie ist sie sehr traurig. Sie macht einen trau-
rigen Eindruck.«

THERAPEUT: »Warum ist sie traurig? … Gehen Sie zum
Grund ihrer Traurigkeit.«

FRAU H.: »Sie deutet mit dem Kopf auf das Haus. Aber ich
sehe nichts.«

THERAPEUT: »Was geschieht weiter? … Was geschieht weiter?«

FRAU H.: »Ich kann es schlecht sagen. Es sieht aus, als ob jemand anders einen Rollstuhl rausfährt, über eine Treppe
runter.«

THERAPEUT: »Wer ist in dem Rollstuhl?«

FRAU H.: »Ich sehe da gar nichts. Ich sehe einen höheren
Rollstuhl, wie einen Lehnstuhl. Und die Person, die ihn
schiebt, ist auch ganz dunkel.«

THERAPEUT: »Was geschieht weiter?«

Frau H.: »Es springen Kinder herum …, so mit sieben Jahren … und sonst passiert eigentlich nichts.«

Therapeut: »Wer ist diese Frau?«

Frau H.: »Ich denke, das bin ich …, sonst würde ich sie ja nicht sehen.«

Therapeut: »Wissen Sie jetzt, wie alt die Frau ungefähr ist?«

Frau H.: »So 45.«

Therapeut: »Was geschieht weiter?«

Frau H.: »Ich glaube, die müssen aus dem Haus ausziehen, weil der Mann nicht mehr arbeiten kann und im Rollstuhl sitzt … Ich komme da nicht mehr weiter.«

Therapeut: »Gehen Sie jetzt zum Todestag dieser Frau. Was sehen Sie?«

Frau H.: »Jetzt bin ich wieder auf der Wiese, wo ich dieses Haus gesehen habe. Da ist eine große Kirche.«

Therapeut: »Was geschieht?«

Frau H.: »In der Kirche … der Pfarrer spricht hart!«

Therapeut: »Wo sind Sie?«

Frau H.: »Ich bin auch in der Kirche … aber eher von oben das Ganze betrachtend.«

Therapeut: »Warum von oben?«

Frau H.: »Keine Ahnung. Ich sehe das Ganze von oben. Ich sehe, wie sie draußen am Grab stehen. Das sehe ich auch von oben.«

Therapeut: »An welchem Grab?«

Frau H.: »Am Grab von der Frau.«

Therapeut: »Wie fühlen Sie sich?«

Frau H.: »Gut.«

Therapeut: »Gehen Sie zur Todesstunde dieser Frau und berichten Sie.«

Frau H.: »Ich sehe die Frau im dunklen Kleid. Sehr knochig, fast abgemagert. Sie fleht jemanden im hellen Gewand an: ›Hilf mir doch!‹«

Therapeut: »Was geschieht weiter?«

Frau H.: »Jetzt sieht es aus, als würde sie in einem Krankenhaus liegen. Wo mehrere nebeneinander liegen. Aber sie ist immer dunkel gekleidet, immer schwarz.«

Therapeut: »Was geschieht weiter?«

Frau H.: »Jetzt schaut es aus, als ob sie ganz allein ist; als wenn sich gar niemand mehr um sie kümmert.«

Therapeut: »Wo ist diese Frau jetzt?«

Frau H.: »Die ist immer noch in diesem großen Saal, wo die Betten nebeneinander stehen.«

Therapeut: »Gehen Sie weiter voran. Was geschieht?«

Frau H.: »Ich sehe eigentlich nichts mehr.«

Therapeut: »Gehen Sie zur Todesstunde. Was sehen Sie?«

Frau H.: »So, wie es ausschaut, hat die Frau Schmerzen und Fieber. Wie sie mit der Hand herumzeigt, ganz hysterisch lacht.«

Therapeut: »Gut, was geschieht weiter?«

Frau H.: »Sie quält sich halt sehr. Der ganze Körper tut weh. Ich sehe die Todesstunde nicht. Ich sehe nur, wie sie sich quält.«

Therapeut: »Gehen Sie einen Tag weiter. Was sehen Sie?«

Frau H.: »Am nächsten Tag habe ich sie gesehen, da war sie weiß gekleidet. Sie wurde über den Boden geschleift und auf einen Haufen geschmissen, wo andere auch schon liegen. Es liegen mehrere Menschen auf dem Haufen, die schon tot sind. Ich habe das Gefühl, dass das angezündet werden soll.«

Therapeut: »Von wo aus sehen Sie das?«

Frau H.: »Das ist wie ein innerer Hof. Da stehen ganz normale Bürger. Ich stehe da auch und schaue zu.«

Therapeut: »Wer sind Sie da?«

Frau H.: »Keine Ahnung.«

Regression von Herrn Sch., geboren 1968

Therapeut: »Wir gehen rückwärts in der Zeit. 1968, was sehen Sie?«

Herr Sch.: »Mich als kleines Baby«

Therapeut: »Wie fühlen Sie sich?«

Herr Sch.: »Gut.«

Therapeut: »Gehen Sie jetzt zum Ursprung Ihrer Erkrankung. Was sehen Sie?«

Herr Sch.: »Angst und Trauer.«

Therapeut: »Warum?«

Herr Sch.: »Ich bin jetzt noch weiter zurück als 1968.«

Therapeut: »Wo sind Sie?«

Herr Sch.: »Ich bin in 1968. Unmittelbar nach meiner Geburt.«

Therapeut: »Was sehen Sie?«

Herr Sch.: »Ich bin im Prinzip jetzt in dieser Situation des Unfalls von meinem Bruder. Aufregung, Angst.«

Therapeut: »Was ist geschehen?«

Herr Sch.: »Man hält ihn auf dem Arm und trägt ihn.«

Therapeut: »Wer hält ihn auf dem Arm?«

Herr Sch.: »Eine Frau.«

Therapeut: »Kennen Sie die Frau?«

Herr Sch.: »Ja, es ist eine Verwandte.«

Therapeut: »Was geschieht weiter?«

Herr Sch.: »Das Kind wird zu meiner Mutter getragen. Alle sind bestürzt und aufgeregt.«

Therapeut: »Was geschieht weiter?«

Herr Sch.: »Es wird ein Arzt gerufen …«

Therapeut: »Weiter.«

Herr Sch.: »Der Arzt nimmt meinen Bruder und bringt ihn ins Krankenhaus.«

Therapeut: »Wie fühlen Sie sich?«

Herr Sch.: »Schon angespannt und irgendwie in einer extremen Enge, ohne Weitblick, ohne Umfeld. Wie in einer Spalte, wie in einer Schlucht.«

THERAPEUT: »Wo sind Sie?«

HERR SCH.: »Ich fühle mich so, als wäre ich in einer engen Spalte. Von oben kommt etwas Licht. Ich bin zu Hause, aber nicht real, nicht in einem Raum. Ich erkenne das Umfeld. Ich bin wie gefangen.«

THERAPEUT: »Wie kommt das?«

HERR SCH.: »Es ist womöglich die Vorstellung und das Nachempfinden dieser Situation, was im Prinzip aufzeigt, wie relativ ausweglos die Situation ist.«

THERAPEUT: »Was ist ausweglos?«

HERR SCH.: »Es demonstriert im Prinzip die Gefährlichkeit oder auch Sinnlosigkeit des irdischen Lebens, die Schwierigkeit, die Bedrückung. … Es ist jetzt insgesamt wieder weiter geworden in mir. Ich habe etwas mehr Platz um mich herum.«

THERAPEUT: »Was geschieht weiter?«

HERR SCH.: »Ich fühle mich jetzt in einer Situation, wo Ruhe herrscht. Nichts Unmittelbares, was auf mich einwirkt. Die Spalte, die ich vorher beschrieben habe, die mich beengt hat, hat sich geweitet. Sie ist im Moment nicht bedrohlich für mich. Ich bewege mich nicht in irgendeine Richtung.«

THERAPEUT: »Wie alt sind Sie?«

HERR SCH.: »Es ist schwer zu sagen. Ich kann es nicht genau definieren.«

THERAPEUT: »Was geschieht weiter?«

HERR SCH.: »Es breitet sich auf jeden Fall wieder Ruhe aus, Gelassenheit, auch wieder der Hauch von Freiheit. Ich werde nicht mehr von der Situation in den Bann gezogen. Sie ist neutral. Ich bewege mich nicht in eine Richtung. Ich fühle mich relativ frei und neutral.«

THERAPEUT: »Was geschieht mit Ihrem Bruder?«

HERR SCH.: »Er ist im Krankenhaus. Wird dort behandelt. Mein Vater ist bei ihm.«

THERAPEUT: »Sehen Sie Ihren Bruder?«

HERR SCH.: »Ja.«

THERAPEUT: »Wie sieht er aus?«

HERR SCH.: »Starke Verbrennungen am ganzen Leib. Er schläft.«

THERAPEUT: »Wie alt ist er?«

HERR SCH.: »Drei Jahre alt.«

THERAPEUT: »Was geschieht weiter?«

HERR SCH.: »Man lässt ihn allein zurück im Krankenhaus. Und in der Nacht danach stirbt er. In dieser Nacht, die ich sehe. … Da waren noch einige Tage in der Klinik vorher.«

THERAPEUT: »Wer ist bei ihm?«

HERR SCH.: »Niemand.«

THERAPEUT: »Sehen Sie ihn?«

HERR SCH.: »Ja.«

THERAPEUT: »Was geschieht weiter?«

HERR SCH.: »Mein Vater ist jetzt wieder da, ist wieder bei ihm. Es ist aber schon der nächste Tag.«

THERAPEUT: »Was macht Ihr Vater?«

HERR SCH.: »Er sitzt bei ihm, weint, bleibt eine Weile, ist immer noch bei ihm.«

THERAPEUT: »Was geschieht weiter?«

HERR SCH.: »Verwandte sind noch da. Meine Mutter sehe ich nicht. Meine Mutter ist, so wie ich sehe, zu Hause. Der Bruder von meinem Vater ist noch da.«

THERAPEUT: »Wo sind Sie?«

HERR SCH.: »Ich bin zu Hause.«

THERAPEUT: »Wo ist Ihr Bruder?«

HERR SCH.: »Er wird auch nach Hause gefahren. Er ist aber noch nicht zu Hause, hier. … Ich bin mit den Gedanken jetzt weg von der Klinik, vom Krankenhaus.«

THERAPEUT: »Wo sind Sie mit Ihren Gedanken?«

HERR SCH.: »Man fährt ihn zum Friedhof. Im weißen Kindersarg. Ich bin jetzt auf dem Friedhof mit meinen Gedanken. Am Grab. Am offenen Grab.«

THERAPEUT: »Was sehen Sie?«

HERR SCH.: »Ich sehe das offene Grab und den Sarg davor und darauf. Ich sehe meinen Vater am Grab stehen. Man wird den Sarg jetzt ablassen …«

THERAPEUT: »Weiter.«

HERR SCH.: »Jetzt stehen mein Vater und noch mehrere Leute am Grab. Nur, dass der Sarg jetzt unten weg ist. Wir verlassen jetzt diese Stelle.«

THERAPEUT: »Weiter.«

HERR SCH.: »Sie verlassen den Friedhof. Gehen nach Hause. Dort ist meine Mutter, dort bin ich. Man nimmt mich auf den Arm, man drückt mich. Es wird geweint und meine Eltern sind außer sich …«

THERAPEUT: »Was geschieht weiter?«

HERR SCH.: »Sie klammern sich an mich, suchen Trost … Sind zu Hause allein. Die Stimmung im ganzen Haus ist dementsprechend traurig … beängstigend.«

THERAPEUT: »Warum beängstigend?«

HERR SCH.: »Angst davor, dass etwas Ähnliches oder Vergleichbares wieder passieren könnte. Es ist geprägt von Vorsicht, Angst, Sicherheit.«

THERAPEUT: »Was ist mit Ihrem Bruder?«

HERR SCH.: »Es gibt von meinem Bruder Bilder. Aber mein Bruder ist nicht mehr.«

THERAPEUT: »Wie fühlen Sie sich?«

HERR SCH.: »Etwas gefesselt in der momentanen Situation mit diesen Bildern, aber nicht eng, sondern fokussiert.«

THERAPEUT: »Versuchen Sie zu sehen, wo Ihr Bruder jetzt ist. Was sehen Sie?«

HERR SCH.: »Ich sehe eigentlich einen strahlenden jungen Mann. Nein, im Prinzip versetzt in dieses Alter, wie er war. Ein Kind. Das Bild, das ich sehe, könnte so sein wie er war unmittelbar vor dem Unfall.«

THERAPEUT: »Wie fühlt er sich?«

HERR SCH.: »Gut, sehr gut.«

THERAPEUT: »Was sagt Ihnen das?«

HERR SCH.: »Dass es ihm gut geht, dass er frei ist, leicht, unbeschwert.«

THERAPEUT: »Haben Sie das Gefühl, dass er mit seinem Schicksal hadert?«

HERR SCH.: »Nein, dieses Gefühl habe ich nicht. Ich habe das Gefühl, dass er frei ist, unbeschwert, glücklich.«

THERAPEUT: »Können Sie ihn näher beschreiben?«

HERR SCH.: »Ich sehe ihn im Prinzip in der Gestalt eines Kindes. Aber nicht irdisch, sondern ich sehe ihn vor mir, … mehr wie einen Engel. Nicht so in der menschlichen Gestalt mit allem Drum und Dran, sondern ich sehe ihn strahlend, aber nicht bezogen auf die irdische Situation. Ich schaue ihn im Prinzip an.«

THERAPEUT: »Wie ist seine Verbindung zu Ihnen?«

HERR SCH.: »Nicht ganz persönlich. Eigentlich keine Verbindung im Moment. Ich spüre da nichts Besonderes dabei. Ich sehe dieses Bild und ich sehe ihn. Aber es berührt mich emotional nicht sehr. Es ist unbeschwert, aber nicht gekennzeichnet und geprägt von Gefühlen.«

THERAPEUT: »Wie fühlen Sie sich?«

HERR SCH.: »Etwas angespannt.«

Ende der Regression.

Regression von Frau A., geboren 1976

THERAPEUT: »Wir gehen rückwärts in der Zeit … 1976. Was sehen Sie?«

Frau A.: (Keine Antwort.)

Therapeut: »Wir gehen weiter rückwärts in der Zeit …
1970 … 1935. Was sehen Sie?«

Frau A.: »Nichts.«

Therapeut: »Wir gehen rückwärts in der Zeit. Was sehen
Sie?«

Frau A.: »Schießgewehre … Die sind schon weg.«

Therapeut: »Gehen Sie wieder vor zu den Schießgeweh-
ren. Welches Jahr haben wir?«

Frau A.: »Ich sehe sie nicht mehr … nein … nichts.«

Therapeut: »Was sehen Sie?«

Frau A.: »Ich sehe eine große Fläche.«

Therapeut: »Was ist mit der Fläche?«

Frau A.: »Sie ist nur da. Es ist vielleicht nur die Kraft, die
bei mir ist.«

Therapeut: »Gut, dann gehen Sie weiter zurück, bis Sie
etwas sehen … In welchem Jahr befinden Sie sich?«

Frau A.: »Etwa 1700.«

Therapeut: »Gut, gehen Sie weiter zurück.«

Frau A.: »Ich sehe ein Meer. Ich sehe es nicht richtig, aber
ich empfinde es. Das Meer und ein Horizont.«

Therapeut: »Wo sind Sie?«

Frau A.: »Auf einer Insel.«

Therapeut: »Sind Sie eine Frau oder ein Mann?«

Frau A.: »Frau.«

Therapeut: »Wie alt sind Sie?«

Frau A.: »So um die dreißig.«

Therapeut: »Was machen Sie auf der Insel?«

Frau A.: »Ich stehe nur da. Hinter mir die Insel. Vor mir
das Meer.«

Therapeut: »Leben Sie auf dieser Insel?«

Frau A.: »Die scheint so leer zu sein. Niemand ist dort außer mir.«

Therapeut: »Wie fühlen Sie sich auf dieser Insel?«

Frau A.: »Teilweise gut, teilweise allein, einsam.«

Therapeut: »Warum einsam?«

Frau A.: »Niemand ist da … gut fühle ich mich, weil es schön ist.«

Therapeut: »Wie kamen Sie auf diese Insel?«

Frau A.: »Weiß ich nicht.«

Therapeut: »Wo leben Sie auf dieser Insel?«

Frau A.: »Ich weiß nicht. Vielleicht lebe ich gar nicht dort.«

Therapeut: »Was machen Sie dann auf dieser Insel?«

Frau A.: »Ich warte, bis man mich holt. Ich warte auf meinen Chef. Einen großen Chef.«

Therapeut: »Von woher kommt dieser Chef?«

Frau A.: »Er kommt vom Meer … Er kommt … Er ist größer und größer.«

Therapeut: »Kommt er jetzt?«

Frau A.: »Ja, aber ich freue mich nicht. Er kommt nur.«

Therapeut: »Was geschieht weiter?«

Frau A.: »Sie steigen aus … Menschen.«

Therapeut: »Wie viele Menschen?«

Frau A.: »Viele. Ich habe Angst … Sie kommen … Ich habe Angst …« (Frau A. beginnt zu weinen.)

Therapeut: »Warum haben Sie Angst?«

Frau A.: »Weiß ich nicht …, dass sie mich überfallen.«

Therapeut: »Was geschieht weiter?«

Frau A.: »Ich liege … Sie stehen über mir.«

Therapeut: »Warum liegen Sie?«

Frau A.: »Ich habe keine Kraft.«

Therapeut: »Was ist geschehen?«

Frau A.: »Ich wollte weglaufen in die Berge … Ich steige immer höher.«

Therapeut: »Was geschieht weiter? … Was geschieht weiter?«

Frau A.: »Ich weiß nicht. Ich fühle nur, dass ich gleichzeitig steige und sinke.«

Therapeut: »Dass Sie gleichzeitig steigen und sinken?«

Frau A.: »Ja. Etwas hebt mich höher und etwas drückt mich runter.«

Therapeut: »Was geschieht am Strand?«

Frau A.: »Sie haben einen Führer, einen Boss sozusagen, Hüte und Schwerter und Stiefel tragen sie. Ich sehe nur, dass ich am Strand liege, keine Kraft habe, die stehen nur über mir und lachen. Die sind nicht liebevoll.«

Therapeut: »Haben die Ihnen etwas angetan?«

Frau A.: »Weiß nicht, vielleicht haben sie mich nur gefangen.«

Therapeut: »Was sehen Sie weiter? Was macht der Boss?«

Frau A.: »Er ist weg. Ich sehe Sklaven. An eine Kette gebunden.«

Therapeut: »Wo sind Sie?«

Frau A.: »Man bringt mich zu den Sklaven.«

Therapeut: »Was geschieht weiter?«

Frau A.: »Feuer.«

Therapeut: »Was ist mit dem Feuer?«

Frau A.: »Es ist weg.«

Therapeut: »Was für ein Feuer war das?«

Frau A.: »Ziemlich groß, aber nicht sehr groß. Von Menschen gemacht, heiß, rote Flammen.«

Therapeut: »Wo sind Sie?«

Frau A.: »Es ist so wie eine … ich weiß nicht. Es ist so bedrückend. So kleine Hütten und viele, viele Menschen, die schreien rum … so Aufseher … die schreien rum. Ich bin auch eine Sklavin. Ich bin da frisch angekommen. Ich weiß nicht, was los ist, was da ist.«

Therapeut: »Was geschieht weiter?«

Frau A.: »Es ist Nacht und der Boss von dem Schiff kommt zu mir. Und er sieht sehr gut aus. Er ist groß. Er findet mich schön und weiß, dass ich nichts tun kann. Er genießt seine Macht. Ich habe wieder Angst. Ich sitze auf dem Boden … auf dem Stroh.

THERAPEUT: »Was geschieht weiter?«

FRAU A.: »Er legt sich zu mir … und ich ekele mich …«

THERAPEUT: »Was geschieht weiter?«

FRAU A.: »Er nimmt seinen Gürtel heraus und schlägt mich ins Gesicht. Aua, ich schreie!« (Frau A. weint.)

THERAPEUT: »Was geschieht weiter?«

FRAU A.: »Er ist weg, ich bin allein. Es ist Nacht und ich sitze in einem Eck, zusammengekrümmt.«

THERAPEUT: »Weiter.«

FRAU A.: »Man muss raus am Morgen. Viele kommen raus, viele andere Sklaven. Am Meer … Arbeit … Es sind ältere Frauen da mit langen Röcken und mit Kopfbedeckung. Eine Frau ist nett … Wir sprechen nicht … Es ist eine Farm.«

THERAPEUT: »Wo ist diese Farm?«

FRAU A.: »In Amerika … irgendwo.«

THERAPEUT: »Welche Hautfarbe haben Sie?«

FRAU A.: »Ich weiß nicht … Nicht schwarz … Eher so zwischen schwarz und weiß.«

Ende der Regression.

Regression von Herrn K., geboren 1976

THERAPEUT: »Wir gehen rückwärts in der Zeit … 1976. Was sehen Sie?«

HERR K.: »Nichts.«

THERAPEUT: »Wir gehen weiter rückwärts in der Zeit … 1840. Was sehen Sie?«

HERR K.: »Ein Licht.«

THERAPEUT: »Woher kommt das Licht?«

Herr K.: »Weit weg.«

Therapeut: »Gehen Sie zu dem Licht. Was sehen Sie?«

Herr K.: »Es ist weit weg.«

Therapeut: »Gehen Sie näher an das Licht. Was sehen Sie?«

Herr K.: »Licht.«

Therapeut: »Wie fühlen Sie sich?«

Herr K.: »Leicht.«

Therapeut: »Gehen Sie weiter zurück in der Zeit, bis ein Bild auftaucht … 1835 … 1830. Was sehen Sie?«

Herr K.: »Nichts.«

Therapeut: »Gehen Sie wieder zu dem Licht. Was sehen Sie?«

Herr K.: »Es ist nicht mehr da.«

Therapeut: »Gehen Sie weiter, bis Sie etwas sehen.«

Herr K.: »Ich kann nichts erkennen. Es ist nur ein Wirrwarr vor den Augen.«

Therapeut: »Gehen Sie weiter zurück, bis der Wirrwarr deutlicher wird. Was sehen Sie?«

Herr K.: »Es ist weg. Ich bin in der Zeit zurückgegangen. Es ist wieder weg.«

Therapeut: »In welchem Jahr befinden Sie sich?«

Herr K.: »1710 … 1740 war dieser Wirrwarr.«

Therapeut: »Gehen Sie nochmals in das Jahr 1740 zurück. Was sehen Sie?«

Herr K.: »Die Arme vibrieren.«

Therapeut: »Wieso vibrieren die Arme?«

Herr K.: »Die Augen sind ruhig. Die Arme vibrieren etwas.«

Therapeut: »Können Sie noch etwas anderes erkennen oder spüren Sie noch etwas?«

Herr K.: »Nein.«

Therapeut: »Was sehen Sie?«

Herr K.: »1450 … Immer noch nichts.«

Therapeut: »Wie fühlen Sie sich?«

Herr K.: »Ich merke nur die Arme. Die Beine merke ich nicht.«

Therapeut: »Was sehen Sie?«

Herr K.: »Nichts.«

Therapeut: »In welchem Jahr befinden Sie sich?«

Herr K.: »1350 … Es ist alles schwarz.«

Therapeut: »Gehen Sie in größeren Schritten rückwärts. Was sehen Sie?«

Herr K.: »Wirrwarr … 960.«

Therapeut: »Woraus besteht dieser Wirrwarr?«

Herr K.: »Ich kann es nicht erkennen. Wenn ich zehn Jahre zugebe, bin ich wieder gelöst.«

Therapeut: »Bleiben Sie im Jahr 960 und beobachten Sie, was geschieht. Was sehen Sie?«

Herr K.: »Es wird hell.«

Therapeut: »Was geschieht weiter?«

Herr K.: »Es ist nur hell.«

Therapeut: »Gehen Sie kurz in der Zeit zurück, bevor der Wirrwarr beginnt. Was sehen Sie?«

Herr K.: »Nichts.«

Therapeut: »Gehen Sie zu dem Wirrwarr. Was geschieht weiter?«

Herr K.: »Da ist ein Flackern zwischen dunkel und hell.«

Therapeut: »Weiter.«

Herr K.: »Dunkel, hell … es wird hell … und ist wieder weg.«

Therapeut: »Wie fühlen Sie sich?«

Herr K.: »Der Oberkörper und die Arme sind ganz angespannt. Die Füße sind frei und leicht.«

Therapeut: »Wenn Sie diesen Wirrwarr weiter verfolgen, was geschieht dann?«

Herr K.: »Nichts. Ich kann ihn nicht entzerren.«

Therapeut: »Wie ist Ihr Gefühl dabei?«

Herr K.: »Angespannt.«

Therapeut: »Warum?«

Herr K.: »Kann ich nicht sagen. Die Arme fangen an zu vibrieren. Der linke Fuß wird schwer … der Oberschenkel.«

Therapeut: »Was sehen Sie?«

Herr K.: »Nichts. Es ist hell. Nur hell. Ich kann nichts erkennen.«

Therapeut: »Gehen Sie dahin, wo Sie etwas erkennen können. Was sehen Sie?«

Herr K.: »Ich kann nichts erkennen. Es ist zu hell.«

Therapeut: »Gehen Sie dahin, wo Sie wieder etwas erkennen können. Was sehen Sie?«

Herr K.: »Nichts.«

Therapeut: »Wie fühlen Sie sich in dem hellen Licht?«

Herr K.: »Angespannt. Die Augen wollen tränen.«

Therapeut: »Gehen Sie weiter, bis Sie etwas sehen, etwas erkennen. Gehen Sie weiter.«

Herr K.: »Ich kann nichts erkennen.«

Therapeut: »Gehen Sie vorwärts bis zu der Zeit, als Sie zum ersten Mal etwas gesehen, etwas gefühlt haben.«

Herr K.: »Jetzt ist das Licht wieder da.«

Therapeut: »Wie empfinden Sie das Licht?«

Herr K.: »Nicht gut.«

Therapeut: »Womit verbinden Sie gefühlsmäßig das Licht?«

Herr K.: »Es ist schlecht für mich.«

Therapeut: »Warum ist das Licht schlecht für Sie?«

Herr K.: »Je heller das Licht wird, desto mehr merke ich meinen Oberkörper, meine Hand.«

Therapeut: »Kennen Sie die Bedeutung dieses Lichtes?«

Herr K.: »Kann ich nicht deuten. Es ist zu weit weg. Ich kann nicht an das Licht.«

Therapeut: »Wo sind Sie, während dieses Licht anwesend ist?«

Herr K.: »Hinter mir ist nichts. Es ist nichts um mich herum. Nur das Licht.«

Therapeut: »Gehen Sie vorwärts in der Zeit, bis Sie etwas erkennen, das außerhalb des Lichtes existent ist … Was sehen Sie?«

Herr K.: »Ein dunkler Horizont … nehme ich an. Ich kann das nicht genau erkennen.«

Therapeut: »Was geschieht weiter?«

Herr K.: »Nichts um mich herum. Es ist weg.«

Therapeut: »Diesen Horizont. Können Sie ihn beschreiben?«

Herr K.: »Wie ein dunkler … Es ist dunkel … Wie Gewitterwolken … Es scheint keine Sonne.«

Therapeut: »Was sehen Sie noch?«

Herr K.: »Ich bin angespannt.«

Therapeut: »Was sehen Sie noch?«

Herr K.: »Im Wald … oder irgend so was.«

Therapeut: »Was machen Sie da?«

Herr K.: »Ich sitze oder liege.«

Therapeut: »Wie alt sind Sie?«

Herr K.: »Dreißig, vielleicht auch etwas jünger.«

Therapeut: »Sind Sie ein Mann oder eine Frau?«

Herr K.: »Ein Mann.«

Therapeut: »Warum sitzen oder liegen Sie da?«

Herr K.: »Ich warte oder ich kann nicht weiter.«

Therapeut: »Warum nicht?«

Herr K.: »Mein linker Fuß schmerzt.«

Therapeut: »Warum schmerzt Ihr linker Fuß?«

Herr K.: »Oberschenkelverletzung.«

Therapeut: »Was ist passiert?«

Herr K.: »«Ich warte auf jemanden. Es kommt niemand. Ich merke, wie der Schmerz weiterwandert. Ich kann nichts dagegen machen. Ich merke den Fuß nicht mehr.«

THERAPEUT: »Wie kam es zu dieser Verletzung?«

HERR K.: »Holz … Ast … irgend so was. Es tut weh.«

THERAPEUT: »Auf wen warten Sie?«

HERR K.: »Auf eine Frau. Es muss noch jemand dabei gewesen sein. Ich weine, weil niemand kommt.«

THERAPEUT: »Was geschieht weiter?«

HERR K.: »Vögel fliegen … zwei Stück, über mir. Ich kann mich kaum bewegen. Ich kann mich kaum selbst erkennen.«

THERAPEUT: »Wie sehen Sie aus?«

HERR K.: »Wie in einem Ritterfilm. Uniform oder irgendwas. Und was Weißes. Weißer Überhang. Der ist aber rot, teilweise, voll Blut.«

THERAPEUT: »Wie kommt das?«

HERR K.: »Es ist nicht nur mein Blut.«

THERAPEUT: »Wessen Blut noch?«

HERR K.: »Weiß ich nicht.«

THERAPEUT: »Was sehen Sie noch?«

HERR K.: »Ich sitze an einem Baumstamm, versuche weiterzukommen. Sitze an einem Baumstamm, versuche aufzustehen. Das geht nicht. Ich kenne die Gegend. Ich kenne mich aus. Ich weiß, dass ein Stück weiter ein Brunnen ist. Ein tiefer Brunnen, mit Eimer dran. Ich sehe ihn nicht, aber ich weiß, wie er aussieht.«

THERAPEUT: »Was geschieht weiter?«

HERR K.: »Ich sehe mich selbst an dem Brunnen, als Junge. Ich hole Wasser. Als ich den Eimer oben habe, ruft man. Es kommen Menschen. Ich weiß nicht, warum, aber alle haben Angst.«

THERAPEUT: »Was geschieht weiter?«

HERR K.: »Ich verstecke mich hinter dem Brunnen. Es sind Reiter. Sie haben die gleiche Kleidung an wie ich. Sie stehen da. Sie suchen irgendetwas, irgendjemanden.«

Therapeut: »Beschreiben Sie die Reiter.«

Herr K.: »Ich kann die Gesichter nicht erkennen. Sie haben die Gesichter verdeckt, haben Helme auf. Ich laufe weg, ich laufe in eine Hütte hinein. Sie lassen mich laufen. Sie beachten mich nicht. Der Brunnen ist neben meinem Haus. Es ist nicht weit. Ich komme heim. Im Raum ist eine Frau, sie kocht.«

Therapeut: »Wie fühlen Sie sich?«

Herr K.: »Ich spüre meinen Körper nicht. Ich will weiter. Ich versuche es mit den Händen. Die Füße können mich nicht tragen. Vor mir ist ein Feld, wo ich mich verstecken will. Ich ziehe meinen linken Fuß hinter mir her. Es geht nicht.«

Therapeut: »Was geschieht weiter?«

Herr K.: »Es kommt irgendwas. Ich habe Angst. Es kommt auf mich zu. Ich lege mich in die Wiese rein. Ich verstecke mich. Mein ganzer Körper tut mir weh. Ich halte es nicht mehr aus. Ich sehe mehrere Pferde mit Reitern kommen. Mein Pferd ist mit dabei. Sie haben es. Es ist eine Frau dabei. Sie weint. Die Männer haben sie gefangen. Ich traue mich nicht aufzustehen. Ich kann nicht aufstehen. Irgendwas ist mit der rechten Hand. Sie suchen mich. Sie reiten weg. Nehmen die Frau mit. Auch mein Pferd. Ich will hinterher. Es geht nicht. Ich bin traurig. Sie sind weg. Alle sind wieder weg … Ich sehe den Jungen wieder. Er nimmt irgendwas in die Hand und rennt weg. Rennt in den Wald. Reiter verfolgen ihn. Er muss es schaffen. Er verschwindet im Unterholz, im Wald. Die Reiter erreichen ihn nicht. Er geht an einen Fluss. Sitzt an einem Stein. Hat den gleichen Gegenstand in der rechten Hand. Kann ihn kaum tragen. Ich kann nicht erkennen, was es ist. Es ist Holz. Ich weiß es nicht. Mir tun meine Arme weh und der Fuß. Der Junge hat durch den Weg in den Wald sich verletzt. Er blutet … Der Horizont! … Der gleiche Horizont, den ich vorher gesehen habe … Ich weiß nicht, warum die Reiter mich verfolgen. Der Gegenstand ist irgendetwas, was die Reiter wollen. Hinter mir ist eine Wurzel, hinter dem Bach. Ich lege den Gegenstand dahin. Ich lege Äste darüber. Ich präpariere. Ich gehe langsam wieder zurück in das Dorf. Ich höre Schreie. Ich bleibe im Holz sitzen. Ich verstecke mich.«

THERAPEUT: »Was geschieht weiter?«

HERR K.: »Ich traue mich nicht ins Dorf zurück. Die Reiter suchen. Sie suchen mich. Finden mich aber nicht. Es wird dunkel. Ich traue mich zurück in die Hütte. Ich schleiche zurück. Es ist niemand im Dorf. Niemand da. Kann niemandem sagen, dass ich das Gerät habe. Lege mich neben den Brunnen. Ich verstehe nicht, warum. Was es ist. Ich verstehe es immer noch nicht, was die Reiter von mir wollen, was es ist.«

Ende der Regression.

Regression Frau G., geboren 1965

THERAPEUT: »Wir gehen rückwärts in der Zeit … 2000 … 1995 … 1965. Was sehen Sie?«

FRAU G.: »Ich sehe nichts. Ich spüre ein gewisses Kribbeln. Wie eine … um mich herum.«

THERAPEUT: »Wir gehen weiter zurück in der Zeit … 1920. Was sehen Sie?«

FRAU G.: »Es ist eine Mischung zwischen Party und Wasser.«

THERAPEUT: »Was sehen Sie weiter?«

FRAU G.: »Es kommt mir vor wie eine Szene aus ›Great Gatsby‹.«

THERAPEUT: »Was sehen Sie weiter?«

FRAU G.: »Jetzt kann ich es nicht fassen.«

Therapeut: »Wo sind Sie?«

Frau G.: »Dabei.«

Therapeut: »Wo dabei?«

Frau G.: »In dieser Partyszene … junge Frau in einem Cocktailkleid.«

Therapeut: »Wie alt sind Sie?«

Frau G.: »So um die dreißig.«

Therapeut: »Wie fühlen Sie sich?«

Frau G.: »Gut. Etwas aufgedreht.«

Therapeut: »Sind Sie allein auf der Party?«

Frau G.: »Ja.«

Therapeut: »Sind Sie verheiratet?«

Frau G.: »Nein.«

Therapeut: »Wer sind Sie?«

Frau G.: »Kann ich nicht sagen.«

Therapeut: »Gehen Sie weiter. Was geschieht weiter?«

Frau G.: »Jetzt kann ich nichts sehen. Es ist wie so eine eingefrorene Szene.«

Therapeut: »Betrachten Sie diese Szene. Was erkennen Sie noch?«

Frau G.: »Verschiedene junge Leute. In meinem Alter … etwas älter … gut gekleidet … Haus am Wasser … Steg.«

Therapeut: »Was geschieht weiter?«

Frau G.: »Es ist wie so eine Stop-and-go-Frequenz.«

Therapeut: »Das Bild bleibt immer noch an der gleichen Stelle stehen?«

Frau G.: »Ja.«

Therapeut: »Steigen Sie vor dieser Stelle ein. Was sehen Sie?«

Frau G.: »Da kann ich nichts erkennen.«

Therapeut: »Wo wohnen Sie?«

Frau G.: »Ich kann jetzt irgendwie nichts mehr weiter sehen … Hatte den Eindruck … amerikanische Kleinstadt.«

THERAPEUT: »Gut. Gehen Sie weiter zurück in der Zeit, bis
Sie wieder etwas erkennen … Was sehen Sie?«

FRAU G.: »So etwas wie ein goldenes Feld …«

THERAPEUT: »Gehen Sie weiter. Was sehen Sie noch?«

FRAU G.: »Das sieht aus wie ein großer Baum.«

THERAPEUT: »Wo sind Sie?«

FRAU G.: »Ich gehe auf den Baum zu und sehe eine schöne
freie Landschaft.«

THERAPEUT: »Wer sind Sie?«

FRAU G.: »Teenager.«

THERAPEUT: »Männlich oder weiblich?«

FRAU G.: »Weiblich … glaube ich … ja.«

THERAPEUT: »Wie alt sind Sie?«

FRAU G.: »Vielleicht so zwölf?«

THERAPEUT: »Was machen Sie da?«

FRAU G.: »Ich gucke mir mit großen Kinderaugen die Landschaft an. Da ist sonst niemand.«

THERAPEUT: »Wie fühlen Sie sich?«

FRAU G.: »Ich hab das Gefühl von Freiheit und Abenteu-
erlust … Neugier. Ich bin aufgeweckt und voller Taten-
drang, das Ganze zu erkunden.«

THERAPEUT: »Wohnen Sie da?«

FRAU G.: »Das weiß ich nicht. Ich habe das Gefühl, eher
nicht. Mir scheint, ich sehe das zum ersten Mal. Da ist so
ein heller Küstenstreifen und das Meer.«

THERAPEUT: »Wo sind Ihre Eltern?«

FRAU G.: »Kann ich nicht ausmachen.«

THERAPEUT: »In welchem Land leben Sie?«

FRAU G.: »Ich kann es nicht mit Bestimmtheit sagen. Es
könnten die Vereinigten Staaten sein.«

THERAPEUT: »Und woher stammen Sie?«

FRAU G.: »Ich habe das bestimmte Gefühl, dass es etwas
Nordeuropäisches, Skandinavisches, Blondes ist.«

THERAPEUT: »Was geschieht weiter?«

FRAU G.: »Im Moment ist es einfach nur sehr hell.«

THERAPEUT: »Gehen Sie wieder zu dieser Party … Sind Sie dieselbe Person, nur älter?«

FRAU G.: »Das könnte sein.«

THERAPEUT: »Was geschieht weiter?«

FRAU G.: »Es erscheinen so Sonnenringe. Ich kann die Personen nicht mehr erkennen.«

THERAPEUT: »Gehen Sie in eine Zeit, die nach der Party liegt. Was sehen Sie?«

FRAU G.: »Es ist irgendwas … ein Auto an einer Tankstelle.«

THERAPEUT: »Wo sind Sie?«

FRAU G.: »Ich bin Beifahrerin in dem Auto.«

THERAPEUT: »Wer fährt?«

FRAU G.: »Wir sind an dieser Tankstelle. Der Fahrer zahlt. Ich kann nicht sagen, wer er ist. Es könnte das Bild von meinem Vater in jungen Jahren sein. Figur stimmt. Kopf stimmt.«

THERAPEUT: »Wie alt sind Sie?«

FRAU G.: »Vielleicht etwas jünger als vierzig. Mitte, Ende dreißig.«

THERAPEUT: »Können Sie sich beschreiben?«

FRAU G.: »Ich sehe meiner Mutter sehr ähnlich. Das könnte sie sein.«

THERAPEUT: »Wer ist Ihre Mutter?«

FRAU G.: »Das Bild, von dem ich dachte, ich wär's, sieht aus, als wäre es meine Mutter.«

THERAPEUT: »Wo sind Sie?«

FRAU G.: »Ich beobachte eigentlich diese Szene.«

THERAPEUT: »Wie alt sind Sie?«

FRAU G.: »Ich denke so im Teenageralter.«

THERAPEUT: »Wo ist diese Tankstelle?«

FRAU G.: »Auf dem Land. Das ist eine wenig befestigte Straße.«

THERAPEUT: »Wissen Sie, welches Jahr geschrieben wird?«

FRAU G.: »Nein.«

THERAPEUT: »Gehen Sie weiter voran. Was geschieht weiter?«

FRAU G.: »Ich kann sonst nichts mehr sehen.«

THERAPEUT: »Gehen Sie weiter zurück in der Zeit ... 1920 ... 1885 ... Was sehen Sie?«

FRAU G.: »Da war so etwas wie ein kleines Licht, aber nicht zu fassen.«

THERAPEUT: »Gehen Sie zu dem Licht. Was sehen Sie?«

FRAU G.: »Das war wie Schneegestöber. Jetzt ist es weg, ich kann nichts mehr sehen.«

THERAPEUT: »Gehen Sie weiter zurück in der Zeit. Was sehen Sie?«

FRAU G.: »Ich bin im Jahr 1450. Aber da sehe ich auch nichts weiter.«

THERAPEUT: »Gehen Sie wieder vor. Gehen Sie in das Jahr 1925, zu diesem Mädchen. Was sehen Sie?«

FRAU G.: »Ich habe ein rotes Kragenhemd an und eine Dreiviertelhose.«

THERAPEUT: »Wie fühlen Sie sich?«

FRAU G.: »Gut, irgendwie habe ich Spaß.«

THERAPEUT: »Wie alt sind Sie?«

FRAU G.: »So um die zwölf Jahre.«

THERAPEUT: »Gehen Sie weiter voran, bis Sie älter sind. Was sehen Sie?«

FRAU G.: »Ich sehe mich mit 16, auf der Highschool, würde ich sagen ...«

Ende der Regression.

Bemerkung

Nach der Regression berichtete die Patientin von aufblitzenden Szenen, in denen sie sich (in der Epoche des römischen Weltreiches) als römischer Wachposten in einer Arena erkannte.

Regression von Frau G. F., geboren 1963

THERAPEUT: »Gehe zurück in der Zeit.«

FRAU G.F.: »Ein Auto. Ein altmodisches Auto. Es fährt auf der Straße in der Stadt.«

THERAPEUT: »In welcher Stadt?«

FRAU G.F.: »Ich weiß nicht.«

THERAPEUT: »Wo bist du?«

FRAU G.F.: »Ich sitze im Auto.«

THERAPEUT: »Wie alt bist du?«

FRAU G.F.: »Ich weiß nicht. Ich bin noch klein. Aber ich schaue aus dem Fenster raus.«

THERAPEUT: »Wie siehst du aus?«

FRAU G.F.: »Ich habe Zöpfe.«

THERAPEUT: »Wie heißt du?«

FRAU G.F.: »Ich weiß nicht.«

THERAPEUT: »Was geschieht weiter? Was siehst du?«

FRAU G.F.: »Die Tür ist zu und … und da ist … Das Auto fährt einfach weg und ich möchte gar nicht. Ich schaue raus. Das Auto fährt weg. Da steht jemand und ich kann nicht raus aus dem Auto.«

THERAPEUT: »Wer fährt das Auto?«

FRAU G.F.: »Da ist ein Chauffeur. Er hat eine Mütze auf.«

THERAPEUT: »Wohin fährt das Auto?«

G.: »Es fährt so weit weg.«

THERAPEUT: »Wer steht draußen?«

FRAU G.F.: »Ein Mann.«

THERAPEUT: »Wie sieht er aus?«

FRAU G.F.: »Den habe ich noch nie gesehen. Er ist schlank und groß … Als wenn ich fortgeschickt würde … Die schicken mich einfach weg. Mir ist so kalt. Ich weiß nicht, ob da noch eine Frau ist … Da ist nur ein Mann. Aber ich will doch gar nicht wegfahren!«

Therapeut: »Geh einen Tag weiter. Was siehst du?«

Frau G.F.: »Da ist ein Haus. Es ist wie ein Waisenhaus. Da sind ganz viele Kinder … Das passt nicht.«

Therapeut: »Warum?«

Frau G.F.: »Ich weiß nicht, das ist so … Das müsste umgekehrt sein. Da ist ein großes Haus, da sind ganz viele Kinder. Aber für mich ist niemand da.«

Therapeut: »Was ist da?«

Frau G.F.: »Da ist niemand. Da sind ganz viele Kinder. Aber es ist niemand da. Mich mag niemand. Da mag mich niemand. Ich will dort gar nicht sein!«

Therapeut: »Wo sind deine Eltern?«

Frau G.F.: »Drinnen in dem Haus. Die haben mich weggeschickt. Die schicken mich einfach weg. Ich habe doch nichts getan.« (Patientin beginnt zu weinen.)

Therapeut: »Gehe weiter vor in der Zeit.«

Frau G.F.: »Wenn ich wieder zu Hause bin … oder so?«

Therapeut: »Ja.«

Frau G.F.: »Da ist noch jemand im Haus. Da ist was Kleines. Da ist ein Baby oder was. Aber ich bin, glaube ich, übrig. Ich weiß nicht. Die schicken mich aus dem Zimmer. Da ist aber eine andere Frau. Die hat eine Schürze an. Ich darf da gar nicht reingehen in das Zimmer, wo das Baby ist.«

Ende der Regression.

Bemerkung

Die Patientin weint immer wieder. Selbst nach Beendigung der Trance weint die Patientin noch einige Minuten heftig. Auf ihren Wunsch wurde einige Tage später eine weitere Regression angesetzt.

Zweite Regression mit Frau G. F., geboren 1963

THERAPEUT: »Gehe zurück in der Zeit.«

FRAU G.F.: »Ich sehe eine junge Frau. Sie trägt ein schwarzes Kleid. Ich glaube, sie ist noch recht jung. Da ist ein Zimmer und sie schaut zum Fenster hinaus. Sie wartet auf irgendwas.«

THERAPEUT: »Worauf wartet sie?«

FRAU G.F.: »Auf jemanden, den sie mag. Draußen ist es dunkel. Sie schaut raus und wartet. – Es ist so verschwommen … es ist gar nicht …«

THERAPEUT: »Gehe dahin, wo das Bild deutlicher wird. Was siehst du?«

FRAU G.F.: »Sie steht in dem Zimmer. Es brennt ein Feuer im Kamin. Sie steht davor. Entweder geht es ihr nicht so gut … Ich weiß nicht. Sie wartet. Ich wüsste zu gerne, worauf sie wartet …«

THERAPEUT: »Was geschieht weiter?«

FRAU G.F.: »Jetzt kommt ein Mann zur Tür herein. Aber auf den freut sie sich nicht. Er wischt sich Schmutz von der Kleidung … Aber es geht ihr gar nicht gut.«

THERAPEUT: »Gesundheitlich?«

FRAU G.F.: »Nein, ihr geht es seelisch nicht gut. Sie ist gesund. Es ist eine gesunde junge Frau. Aber sie hat Angst vor dem Mann, der hereinkommt. Sie mag ihn nicht. Sie geht ans Ende des Raums. Er geht ihr nach. Sie hat Angst vor ihm.«

THERAPEUT: »Was geschieht weiter?«

FRAU G.F.: »Ich weiß nicht … Schlägt er sie? … Oder? … Er schlägt sie! Sie kauert sich zusammen. Ich weiß nicht, was das ist. Sie ist irgendwie so ergeben. Sie begehrt gar nicht auf … Er ist wütend auf sie …«

THERAPEUT: »Warum?«

Frau G.F.: »Das weiß ich nicht … Sie weiß nicht, warum er wütend auf sie ist«

Therapeut: »Wer ist der Mann?«

Frau G.F.: »Ich bin mir nicht sicher. Er ist nicht viel älter. Es ist ihr Mann. – Ihr Vater kann es nicht sein. Er ist nicht alt. Er zeigt ihr einen Brief. Darum ist er so wütend. Ich glaube, sie mag ihn nicht. Sie liebt den Mann nicht. Sie möchte weggehen, aber das geht nicht … Das ist ganz komisch … Sie ist irgendwie … sie wirkt so schwach und doch so stark … Jetzt geht sie weg …«

Therapeut: »Was geschieht weiter?«

Frau G.F.: »Ich hänge irgendwie … Sie läuft weg. Sie rennt raus und läuft weg. Ihre Schuhe klappern auf dem Pflaster. Sie läuft und läuft. Sie geht weit weg. Da kommt eine Brücke. Sie steht auf der Brücke und schaut ins Wasser. Es ist dunkel und kalt … Sie rennt weg, weil sie einen anderen liebt. Sie rennt weg und steht auf der Brücke. Sie weiß nicht, was sie tun soll. Es geht ihr irgendwie gut – und doch ist sie zutiefst verzweifelt. … Das Geländer ist ganz kalt. Sie weiß nicht, ob sie ins Wasser springen soll. Sie steigt auf das Geländer und weiß nicht, was sie tun soll … Aber sie fühlt sich ganz leicht. Sie hat gar keine Angst. Es ist ganz dunkel. Das Wasser ist zwar kalt, aber es lockt sie richtig … Es ist fast verlockend. Es glitzert fast … Sie denkt, sie kann fliegen. Sie steht auf dem Geländer. Sie weiß genau, sie tut das Richtige. Sie fühlt sich gut … Jetzt springt sie. Sie springt und alles ist nur noch dunkel.«

Therapeut: »Wie geht es weiter?«

Frau G.F.: »Ich sehe nichts mehr. Es ist dunkel. Ich bin müde.«

Therapeut: »Gehe dahin, wo du wieder etwas siehst.«

Frau G.F.: »Sie ziehen sie aus dem Wasser. Aber sie ist tot. Sie liegt auf der Seite am Ufer. Das Wasser rinnt herunter. Da ist eine Aufregung! Aber alles ist leer, irgendwie. Es ist nur leer. Es ist nur eine Leere. Ich sehe zwar, dass sie da liegt, es bemühen sich Leute um sie. Aber alles ist so leer.«

THERAPEUT: »Was empfindet die Frau?«

FRAU G.F.: »Nichts. Es ist alles dunkel und leer.«

THERAPEUT: »Was geschieht weiter?«

G.: »Sie heben sie auf einen Wagen. Sie wird mit einem Sack zugedeckt. Das ist ganz komisch. Sie merkt das noch. Sie ist tot und dennoch merkt sie das. Sie ist tot. Sie decken sie zu. Aber es geht ihr nicht gut. Sie bringen sie ins Haus zurück. Da ist ein Mann. Aber der ist nicht mal traurig.«

THERAPEUT: »Was fühlt sie?«

FRAU G.F.: »Sie ist traurig. Aber der Mann ist nicht traurig.«

THERAPEUT: »Warum ist sie traurig?«

FRAU G.F.: »Weil da nichts ist. Ich weiß nicht, was sie sucht. Aber da ist nichts mehr … Sie trocknen sie ab und legen ihr Kleider an. Sie liegt im Raum. Da ist nur eine Trauer, eine ganz tiefe Trauer. Sie haben ihr ein weißes Kleid angezogen. Sie ist doch tot und trotzdem ist sie so traurig … Das ist doch komisch … Es ist, als wenn ich auf einer Beerdigung wäre. Aber ich sehe es nicht richtig. Da ist eine fast lähmende Traurigkeit.«

THERAPEUT: »Wie geht es weiter?«

FRAU G.F.: »Die fahren sie zu einem Feld … Ich möchte das nicht mehr sehen, es ist so traurig.«

THERAPEUT: »Wo geht die Seele der Frau jetzt hin?«

FRAU G.F.: »Sie weint. Sie ist traurig und weint. Sie ist verzweifelt. Jemand legt seine Hand auf ihre Schulter. Aber ich weiß nicht, da ist nur eine Hand, die ich sehe. Sie spürt, sie hätte das nicht tun sollen. Ich kann es nicht beschreiben. Es ist kein Vorwurf da … Irgendwie geht alles rückwärts … Das geht doch nicht, das ist verrückt! Jetzt: Brücke, Zimmer, steht da, wartet. Sie freut sich auf etwas ganz fest. Sie freut sich ganz tief.«

Therapeut: »Gehe weiter zurück. Was ist die Ursache ihrer Freude?«

Frau G.F.: »Da ist irgendetwas abgemacht worden. Jemand sollte sie abholen. Sie ist ganz glücklich. Ihr springt fast das Herz, so freut sie sich. Das ist wie ein Rausch. Sie freut sich so darüber.«

Therapeut: »Was war vorher?«

Frau G.F.: »Jemand sagt: ›Ich komme dich holen.‹ Da ist eine ältere Frau, eine Uhrzeit. ›Ich hole dich.‹ Den Zettel hält sie ganz fest in der Hand. Das ist komisch, so heimlich …«

Hier wird die Regression beendet (Zeitablauf).

Bemerkung: Suizid

In der beschriebenen Regression wird ein Problem erkennbar, das Seelen haben, die durch einen Suizid aus dem Leben scheiden. Da lediglich der Körper getötet werden kann und nicht die Seele, haben die Selbstmörder ein riesiges Problem. Die Verzweiflung, unter der sie leiden, die sie letztendlich den Freitod wählen lässt, ist seelischer Natur. Der Körper, mit dessen Hilfe manche Schwierigkeiten überwunden werden können, wird zerstört. Leider wird dabei vergessen, dass der Körper nur eine Seite der menschlichen Existenz darstellt. Der andere, weit wichtigere Teil befindet sich im nichtmateriellen Bereich. Energie wird umgewandelt, nie zerstört. Das Wesen, das als Mensch erkannt wird, trägt seine Gefühle und seinen Charakter nicht nur in seinem Gehirn mit sich herum. Seine Emotionen, sein Charakter, sind weit mehr in der Seele verankert als in seinem Körper.

Regression von Frau Sch., geboren 1977

Frau Sch. kam in die Praxis, weil sie seit ihrer Kindheit unter therapieresistenten Rückenschmerzen litt.

THERAPEUT: »Wir gehen rückwärts in der Zeit … 2000, 1977 … Was sehen Sie?«

FRAU SCH.: »Gar nichts.«

THERAPEUT: »Wir gehen weiter zurück in der Zeit …Wir gehen rückwärts in der Zeit.«

FRAU SCH.: »Mir ist kalt. Ich habe ganz kurz viele Leute gesehen. Aber sonst nichts.«

THERAPEUT: »Was machen diese vielen Leute?«

FRAU SCH.: »Die sind irgendwie … die gehen auf jemanden los oder verfolgen jemanden.«

THERAPEUT: »Wen verfolgen sie?«

FRAU SCH.: »Kann ich nicht sagen.«

THERAPEUT: »Wie sind diese Leute angezogen?«

FRAU SCH.: »Wie früher, in Baumwollkleidern … mit Stöcken in der Hand.«

THERAPEUT: »Wo sind Sie?«

FRAU SCH.: »Nicht da.«

THERAPEUT: »Von wo aus sehen Sie die Szene?«

FRAU SCH.: »Vielleicht aus einem Versteck.«

THERAPEUT: »Was machen die Leute weiter?«

FRAU SCH.: »Jetzt sind sie wieder weg.«

THERAPEUT: »Gehen Sie etwas vor in der Zeit. Was tun die Leute da?«

FRAU SCH.: »Kann ich nicht sehen.«

THERAPEUT: »Gehen Sie wieder zu dem Bild mit den Leuten. Was geschieht weiter?«

FRAU SCH.: »Weiß ich nicht.«

THERAPEUT: »Holen Sie das Bild mit den Leuten zurück. Was sehen Sie?«

FRAU SCH.: »Die Leute mit Stöcken in der Hand, ganz viele.«

THERAPEUT: »Was machen die Leute?«

FRAU SCH.: »Sie suchen jemanden.«

THERAPEUT: »Was tun sie, wenn sie ihn finden?«

FRAU SCH.: »Ihn umbringen wahrscheinlich.«

THERAPEUT: »Warum?«

FRAU SCH.: »Die Person hat irgendetwas gemacht.«

THERAPEUT: »Ist die gesuchte Person männlich oder weiblich?«

FRAU SCH.: »Weiblich, denke ich.«

THERAPEUT: »Wie alt ist sie ungefähr?«

FRAU SCH.: »Kann ich nicht sagen – vierzig vielleicht?«

THERAPEUT: »Sehen Sie die gesuchte Person?«

FRAU SCH.: »Nicht ganz genau.«

THERAPEUT: »Was hat diese Person an?«

FRAU SCH.: »Sie trägt ein Kopftuch.«

THERAPEUT: »Wird die gesuchte Person von den Leuten gefunden?«

FRAU SCH.: »Im Moment noch nicht. Sie versteckt sich.«

THERAPEUT: »Wo versteckt sie sich?«

FRAU SCH.: »Hinter Felsen oder so was.«

THERAPEUT: »Was geschieht weiter?«

FRAU SCH.: »Im Moment noch nichts.«

THERAPEUT: »Gehen Sie dahin, wo wieder etwas geschieht. Was sehen Sie?«

FRAU SCH.: »Sie wird gefunden.«

THERAPEUT: »Was geschieht weiter?«

FRAU SCH.: »Sie hängen sie auf.«

THERAPEUT: »Warum wird sie aufgehängt?«

FRAU SCH.: »Weil sie glauben, sie sei ein Hexe.«

THERAPEUT: »Was geschieht weiter?«

Frau Sch.: »Sie stirbt, sie stirbt, die Frau.«

Therapeut: »Wer ist die Frau?«

Frau Sch.: »Weiß ich nicht.«

Therapeut: »Wo sind Sie?«

Frau Sch.: »Ich glaube, ich war das.«

Therapeut: »Wie fühlen Sie sich?«

Frau Sch.: »Ängstlich und kalt.«

Therapeut: »Hat diese Szene mit Ihrem Rücken zu tun?«

Frau Sch.: »Weiß ich nicht.«

Therapeut: »Als die Frau gefasst wurde, was geschah da?«

Frau Sch.: »Sie haben sie halt geschlagen mit ihren Stöcken und dann aufgehängt.«

Therapeut: »Wohin haben die Leute sie geschlagen?«

Frau Sch.: »Überall. Aber auch auf den Rücken … genau in die Mitte auf den Rücken. Dann haben sie sie aufgehängt und das Genick war ab.«

Therapeut: »Woran erkennen Sie das?«

Frau Sch.: »Es hat geknackt.«

Therapeut: »Was geschieht weiter? Was geschieht mit Ihnen?«

Frau Sch.: »Ich werde dort hängen gelassen.«

Therapeut: »Wo sind Sie?«

Frau Sch.: »Weg.«

Therapeut: »Wie weg?«

Frau Sch.: »Ich sehe nichts weiter.«

Ende der Regression.

Bemerkung

Interessant war bei dieser Regression die Erkenntnis, dass in zwei Bereichen die Wirbelsäulenthematik angesprochen wurde: einmal durch den Genickbruch und zum anderen durch die Schläge auf den Rücken der in der Regression gesehenen und erlebten Person.

Regression von Frau D. H., geboren 1962

Bei dieser Patientin handelt es sich um die Freundin eines langjährigen Patienten. Sie leidet seit einigen Jahren unter einer starken, therapieresistenten Migräne, die durch ein besonderes Ereignis in ihrem jetzigen Leben ausgelöst wurde.

Sie bat um eine Regression, die sie zum auslösenden Moment ihrer Migräne führen soll.

THERAPEUT: »Gehe zum Auslöseereignis deiner Migräne zurück. Was siehst du?«

FRAU D. H.: »Einen Küchentisch.«

THERAPEUT: »Wo ist dieser Küchentisch?«

FRAU D. H.: »In dem Haus, in dem der Vater meiner Tochter wohnt. Ich habe sie dorthin gebracht, vor dem Urlaub. Da ist ein Küchentisch mit vielen Papieren, alle auf Englisch. Ich muss das alles ausfüllen. Er kann kein Englisch. Nichts ist geregelt, alles ist so hektisch. Es ist kein gutes Gefühl. Er hat seine Koffer gar nicht gepackt. Ich fülle jetzt die Papiere aus. Der Koffer ist gepackt. Ich habe kein gutes Gefühl. Ich habe Angst. Ich kann mich nicht darauf verlassen, dass alles gut geht. Und Sabrina steht immer da und schaut mich mit ganz großen Augen an.«

THERAPEUT: »Wie fühlst du dich?«

FRAU D. H.: »Ich fühle mich ziemlich aufgewühlt und habe das Gefühl, als würde mir jemand auf der Brust sitzen. Ich bin innerlich ziemlich aufgeregt und habe gerade das Gefühl, ich müsste nochmals durch … Ich stehe in der Küche … die vielen Papiere. Er hat nichts geregelt. Ich soll da mein Kind … Das ist für mich ein ganz schlimmes Gefühl. Ich kann mich nicht darauf verlassen. Er hat seine Sachen nicht gepackt. Da ist alles so chaotisch. Sabrina schaut mich mit ganz großen Augen an. Am liebsten würde ich Sabrina wieder mitnehmen. Ich kann ihm nicht trauen. Ich kann mich nicht auf ihn verlassen. Es ist nichts geregelt ... Ich sehe immer den Küchentisch mit den Papieren.«

THERAPEUT: »Gibt es ein besonderes Ereignis im Zusammenhang mit dem Küchentisch?«

FRAU D. H.: »Da liegen die Papiere, die er braucht. Das ist alles auf Englisch. Er kann kein Englisch. Ich habe mir alles angeschaut und die Papiere für ihn und Sabrina ausgefüllt. Ich merke, dass ich eine Mordswut auf ihn habe. Das hätte man viel früher machen können. Es ist alles so chaotisch!«

THERAPEUT: »Gehe jetzt zum ›Istzustand‹. Sabrina wird morgen 17 Jahre alt. Das beschriebene Ereignis ist lange vorbei. Wie fühlst du dich?«

FRAU D. H.: »Im Moment durchlebe ich gerade den Schmerz, dass ich jetzt gehen und mich von ihr verabschieden muss. Und sie steht immer da und guckt mich mit ganz großen Augen an. Ich muss gehen und kann nichts machen. Ich kann es auch nicht verhindern. Ich spüre jetzt gerade den Schmerz.«

THERAPEUT: »Welchen Schmerz?«

FRAU D. H.: »Ja, dass ich ... Ich stehe immer noch in der Küche. Sie guckt mich mit großen Augen an. Ich muss gehen und sie bei ihm lassen. Das ist für mich kein gutes Gefühl, weil er so chaotisch ist. Er ist so ungeregelt, ich kann mich nicht darauf verlassen, dass er sich um sie kümmert. Ich wollte das gar nicht, dass er so weit mit ihr wegfliegt. Das ist das erste Mal, dass wir getrennt sind. Ans Mittelmeer wollte er nicht, er hat es sich anders in den Kopf gesetzt. Die Urlaubsreise führte in die USA. Ich musste das akzeptieren. Ich habe immer die Bilder vor mir, wie ein Flugzeug abstürzt. Das kam im Fernsehen. Ich habe große Angst.«

Therapeut: »Was geschieht weiter?«

Frau D. H.: »Jetzt habe ich mich von ihr verabschiedet. Habe ihm gesagt, er solle mich anrufen, wenn sie angekommen sind. Er hat mir gesagt, wann ich sie wieder abholen soll, am Flughafen in zwei Wochen. Dann bin ich heimgefahren – allein. Ich weiß, dass er meine Bedenken nur runterspielt. ›Es wird schon nichts passieren.‹«

Therapeut: »Was geschieht weiter?«

Frau D. H.: »Am nächsten Tag gehe ich zur Arbeit. Meine Kollegin wusste, dass er fliegt. Ich schaue immer wieder auf die Uhr. – Jetzt müssten sie in Frankfurt sein. – Jetzt geht der Flieger. … Ich sitze vor dem Bildschirm. Alles verschwimmt vor meinen Augen. Ich habe starke Kopfschmerzen.

Ich denke: ›Das gibt es doch gar nicht!‹ Ich kann nichts mehr schreiben. Ich sage es meiner Kollegin. Sie sagt, so, wie ich es beschreibe, leide ich unter Migräne. Die Kollegin macht sofort einen Termin beim Arzt, weil ich so große Angst habe. Er prüft die Reflexe. Es ist alles in Ordnung. Er meint, ich solle mich hinlegen, es sei alles in Ordnung.«

Therapeut: »Wie war es, als deine Tochter zurückkam?«

Frau D. H.: »Ich bin am Flughafen in Tränen ausgebrochen. Die ganze Anspannung kam raus. Er hatte sich zwei Wochen lang nicht gemeldet, obwohl er es versprochen hatte. Dann gab er noch die falsche Zeit durch. Es kam kein Flieger. Da bin ich am Flughafen in Tränen ausgebrochen. Ich sagte: ›Ich will wissen, wo Sabrina ist!‹ Am Flughafen sagte man mir, das Flugzeug käme erst am nächsten Tag. Als ich wieder in der Wohnung war, klingelte das Telefon. Meine Tochter war am Telefon. Sie war am Flughafen (im Urlaubsland). Das Flugzeug hatte Verspätung. Ich rief wieder am Flughafen an. Da sagte man mir, die Maschine sei jetzt in der Luft. Ich solle morgen wieder anrufen. Ich konnte kurz schlafen. Dann holte ich wieder meine Mutter und wir fuhren noch einmal nach Stuttgart. Es hieß, sie seien sicher gelandet. Ich wollte mir nichts anmerken lassen, aber ich war froh, dass sie wieder da war. Ich hatte so eine Wut auf ihn! Am liebsten hätte ich ihn am Flughafen stehen lassen. Er entschuldigte sich auch nicht bei mir. Später sagte ich ihm, ich würde Sabrina nicht mehr mit ihm in Urlaub fahren lassen, wenn er sich nicht an die Absprachen hält.«

THERAPEUT: »Wie ging es mit dem Kopfschmerz weiter?«

FRAU D. H.: »Von diesem Zeitpunkt an hatte ich immer wieder Migräne. Ich habe alles Mögliche ausprobiert, aber nichts hat geholfen. Anfangs versuchte ich die Schmerzen auszuhalten. Das war schlimm für mich, weil ich das überhaupt nicht konnte. Ich probierte alle möglichen Tabletten. Wenn jemand gesagt hat: ›Probier mal das‹, dann habe ich das probiert.«

Ende der Regression.

Regression von Herrn T., geboren 1971

Herr T. wollte in der Regression in das Jahr 1215 und hier in den Monat April zurückversetzt werden. Er wollte nicht sagen, warum er diesen Zeitabschnitt erreichen wollte.

Der Ablauf dieser Regression gestaltete sich ziemlich zäh. Herr T. hatte große Schwierigkeiten, in den Trancezustand zu gelangen. Eine erhebliche Therapiezeit musste für die Findung einer beliebigen Szene aufgewandt werden.

Die Bilder, die dann doch noch erschienen, hatten aber nichts mit den Wunschvorstellungen von Herrn T. (1215) zu tun. Er beschrieb eine völlig andere Zeit.

Therapeut: »Wir gehen rückwärts in der Zeit … Sie gehen in das Jahr 1215. April 1215. Was sehen Sie?«

Herr T.: »Ich habe keine Bilder.«

Therapeut: »Wie fühlen Sie sich?«

Herr T.: »Gut.«

Therapeut: »Gehen Sie selbstständig in der Zeit voran. Sobald Sie etwas sehen, sagen Sie es. In welchem Jahr befinden Sie sich?«

Herr T.: »Ich sehe keine Jahreszahl.«

Therapeut: »Wir kehren zurück zum heutigen Datum. Wir gehen rückwärts in der Zeit … 1971. Was sehen Sie?«

Herr T.: »Ich habe keine Bilder.«

Therapeut: »Wir gehen weiter zurück in der Zeit. 1970 … 1940. Was sehen Sie?«

Herr T.: »Ich habe keine Bilder.«

Therapeut: »Wir gehen weiter zurück. 1935 … 1845. Was sehen Sie?«

Herr T.: »Ich sehe einen Mann vor mir. Er hat Militärkleidung an. Er kommt aus dem Weltkrieg.«

Therapeut: »Was geschieht weiter?«

Herr T.: »Da sind viele Menschen, die in einen Zug gedrängt werden … Jetzt sind die Bilder weg.«

Therapeut: »Gehen Sie wieder zu dem Soldaten. Was sehen Sie?«

Herr T.: »Ich bin mir nicht ganz sicher. Ich glaube, da sind tote Menschen auf der Erde.«

Therapeut: »Warum sind sie tot?«

Herr T.: »Es sieht so aus, als ob Krieg gewesen wäre … als seien die Menschen im Krieg getötet worden.«

Therapeut: »Wo sind Sie?«

Herr T.: »Ich sehe mich davorstehen, wie ich die toten Menschen anschaue.«

Therapeut: »Wie alt sind Sie?«

Herr T.: »Dreiundzwanzig, glaube ich.«

THERAPEUT: »Wer sind Sie?«

HERR T.: »Ich habe keinen Namen. Das kann ich nicht sehen.«

THERAPEUT: »Sind Sie männlich oder weiblich?«

HERR T.: »Männlich.«

THERAPEUT: »Was geschieht weiter?«

HERR T.: »Jetzt sind die Bilder weg.«

THERAPEUT: »Gehen Sie wieder zu dem Soldaten. Was sehen Sie?«

HERR T.: »Ich habe keine Bilder.«

THERAPEUT: »Gehen Sie weiter in der Zeit, bis wieder Bilder auftauchen, und berichten Sie davon.«

HERR T.: »Ich habe keine Bilder.«

THERAPEUT: »Gehen Sie wieder in das Bild mit dem Soldaten zurück. Was sehen Sie?«

HERR T.: »Ich kann nichts sehen.«

THERAPEUT: »Kennen Sie das Jahr?«

HERR T.: »1865.«

THERAPEUT: »Gehen Sie in das Jahr 1862. Was sehen Sie?«

HERR T.: »Da sehe ich eine Frau aus einem großen weißen Haus kommen. Es ist ein ziemlich luxuriöses Haus mit Säulen davor. Die Frau geht zu einer Pferdekutsche. Sie steigt in die Kutsche ... Es ist ein frei stehendes Haus, links davon liegen ein großer Wald und eine grüne Wiese. Ein riesengroßes weißes Haus mit Marmorsäulen.«

THERAPEUT: »Was geschieht weiter?«

HERR T.: »Ich sehe viel. Ich würde sagen, das sind schwarze Sklaven, wie man sie aus Amerika kennt. Sie arbeiten am Haus, bewirtschaften die Felder, helfen im Haus. Ich glaube, das ist Amerika.«

THERAPEUT: »Wo sind Sie?«

HERR T.: »Ich sehe mich selbst nicht. Aber ich stehe so am Rande und kann das alles überblicken, kann den Leuten zuschauen ... Praktisch ein kleiner Junge ... ein kleiner

Junge, der ungefähr zehn Jahre alt ist. Ich glaube, der Junge bin ich.«

THERAPEUT: »Wie fühlen Sie sich?«

HERR T.: »Gut.«

THERAPEUT: »Wer ist die Frau?«

HERR T.: »Das ist meine Mutter … Die Frau hat dunkelbraune lange Haare. Trägt ein ganz langes schwarzes Kleid.«

THERAPEUT: »Wie sieht sie aus?«

HERR T.: »Sie ist sehr hübsch. Vielleicht so Mitte zwanzig. Schlank, lange Haare.«

THERAPEUT: »Was geschieht weiter?«

HERR T.: »Da reitet, nein, da ist eine Kutsche mit einer Fackel, die brennt. Da sind, glaube ich, Schwarze, da sind Sklaven. Sie fahren mit der Kutsche auf das Haus zu. Sie wollen, glaube ich, das Haus niederbrennen. Das ist abends … dunkel … Es sind sehr viele Sklaven, die auf das Haus zurennen, die das Haus umzingeln und es niederbrennen wollen. Und der kleine Junge ist in seinem Zimmer ganz oben im Haus und schaut ganz verängstigt auf die Straße, wo die ganzen Menschen stehen. Und er bekommt nur mit, dass es irgendwie um Lohn geht. Um Lohn, den die Familie den Arbeitern schuldet.«

THERAPEUT: »Was geschieht weiter?«

HERR T.: »Aus dem Haus kommt ein Mann, der so eine Art Militärkleidung trägt wie man es so kennt vom französischen Militär zur Zeit Napoleons. Er versucht mit den Sklaven oder Arbeitern zu verhandeln, damit diese das Haus nicht niederbrennen. Die Sklaven haben den Mann jetzt aber niedergeschlagen, und einer der Sklaven rennt mit der brennenden Fackel in das Innere des Hauses. Ganz links, da ist so eine Art Bibliothek, dort macht er Feuer. Die Frau stürzt aus dem Schlafzimmer heraus. Sie hat nicht richtig mitbekommen, was da geschieht, geht die Treppe nach oben in das Kinderzimmer und versucht mit dem Jungen zu fliehen. Da gibt es eine Arbeiterin, die auch schwarz ist, die den Haushalt gemacht hat bei der Familie. Sie will der Frau helfen und Pferde organisieren, damit die Frau sich mit dem Jungen in Sicherheit bringen und abhauen kann. Die Arbeiterin hat ein Pferd organisiert und die Frau und der Junge setzen sich drauf. Sie reiten in einen geschützten Bereich, Richtung Wald. Sie können aber von dort aus sehen, wie das Haus auf der linken Seite abbrennt. Jede Etage.«

THERAPEUT: »Was geschieht weiter?«

HERR T.: »Die Frau und der Junge sind an einem Bach oder Fluss, einem kleinen Fluss. Und die Frau versucht irgendetwas zu essen zu organisieren. Sie hat aber ständig Angst, dass die Arbeiter, die ihre Flucht mitbekommen haben, auf der Lauer sind und den beiden folgen könnten … Sie sind in einem Wald, einem sehr dichten Wald. Der ist zweigeteilt, und mitten drin fließt ein wunderschöner Fluss.«

THERAPEUT: »Was geschieht weiter?«

HERR T.: »Ich sehe nur Wasser und Steine. Aber das muss jetzt ein anderer Ort sein. Da ist jetzt ein Flussbett mit lauter großen Steinen im Wasser … Da ist eine schwarze Frau. Das ist die Arbeiterin von früher. Und ich sehe, dass meine Mutter sehr krank ist. Sie hat Fieber und Schüttelfrost. Die schwarze Frau versucht meine Mutter zu pflegen, damit sie wieder gesund wird. … Jetzt sehe ich ein Kreuz. Mitten hineingesteckt in einen riesigen Berg voller Steine. Als wenn es ein Grab wäre … Ja, das ist ein Grab, obwohl kein Name dabeisteht. Da sind nur zwei Stöcke, die zusammengebunden wurden, und die Steine.«

THERAPEUT: »Wer ist an dem Grab?«

HERR T.: »Da bin nur ich im Moment. Ich knie davor und bete.«

THERAPEUT: »Wie alt sind Sie?«

HERR T.: »Zwölf.«

THERAPEUT: »Was geschieht weiter?«

HERR T.: »Die schwarze Frau … das Grab ist … das ist kein Friedhof. Die Mutter muss unterwegs verstorben sein. Das Grab ist mitten in der Landschaft errichtet worden … Die Frau sagt, wir müssen weiter, wir haben keine Zeit mehr … Da ist ein Pferd, ein großes braunes, wunderschönes Pferd. Wir müssen weiter … Eine unendlich schöne weite Landschaft. Bäume, die Wege sind so mit Geröll … wie in Amerika.«

THERAPEUT: »Was geschieht weiter?«

HERR T.: »Ich sehe Eisenbahnschienen und höre von Weitem, dass da ein Zug naht … Eine große schwarze Lok mit ein paar Waggons, in denen Leute sitzen … Wir winken ihnen zu.«

THERAPEUT: »Wie fühlen Sie sich?«

HERR T.: »Gut …«

Ende der Regression (Zeitablauf).

Bemerkung

Als besonders interessant betrachte ich den Verlauf dieser Regression. Erst im letzten Viertel, in den letzten Antworten spricht der Patient in der Ichform und bezeichnet die junge Frau als »meine Mutter«.

Regression von Frau G., geboren 1971

THERAPEUT: »Wir haben heute den 15. Dezember 2006. Wir gehen rückwärts in der Zeit. 2000 … 1995 … 1971. Was sehen Sie?«

FRAU G.: »Ich sehe nichts.«

THERAPEUT: »Wir gehen weiter zurück in der Zeit. 1970 … 1920 …«

FRAU G.: »Ich sehe nichts.«

THERAPEUT: »1915 … 1840 …«

FRAU G.: »Ich sehe nichts.«

THERAPEUT: »1835 … 1800 … Gehen Sie selbstständig zurück in der Zeit, bis Sie etwas sehen, hören oder fühlen, und berichten Sie dann davon … In welchem Jahr befinden Sie sich?«

FRAU G.: »1730 … Ich sehe nichts.«

THERAPEUT: »Gehen Sie weiter zurück in der Zeit. Was sehen Sie?«

FRAU G.: »Das Jahr 1400. Ich fühle mich gut. Ich habe einen Mann gesehen in einer Ritterrüstung. Kettenhemd, auf der Brust ein Kreuz.«

THERAPEUT: »Was geschieht weiter?«

FRAU G.: »Der ist weg.«

THERAPEUT: »Gehen Sie wieder zu dem Ritter mit dem Kettenhemd. Was sehen Sie?«

FRAU G.: »Ich sehe nur das Hemd vor mir.«

THERAPEUT: »Was ist mit dem Hemd?«

FRAU G.: »Das ist … wie so ein … wo man den Kopf reinsteckt … auf der Seite offen … rot.«

THERAPEUT: »Wo befindet sich das Hemd?«

FRAU G.: »Ich glaube, ich stehe irgendwo vor einer Burg, einer Festung. Außerhalb.«

THERAPEUT: »Wer sind Sie?«

FRAU G.: »Ich weiß es nicht.«

THERAPEUT: »Sehen Sie sich?«

FRAU G.: »Nein.«

THERAPEUT: »Was hat es mit der Burg auf sich?«

FRAU G.: »Die ist wieder weg.«

THERAPEUT: »Gehen Sie wieder an die Stelle, an der Sie die Burg sehen. Was sehen Sie?«

FRAU G.: »Es ist dunkel.«

THERAPEUT: »Gehen Sie zu der Stelle, wo es wieder hell wird. Was sehen Sie?«

Frau G.: »Ich sehe nichts.«

Therapeut: »Gehen Sie wieder zu dem Ritter. Was sehen Sie?«

Frau G.: »Ich kann ihn nicht mehr sehen. Er ist weg.«

Therapeut: »Gehen Sie zu der Zeit zurück, als der Ritter da war. Was sehen Sie?«

Frau G.: »Ich sehe nichts.«

Therapeut: »Gehen Sie zu dem Bild mit dem Ritter zurück. Was sehen Sie?«

Frau G.: »Ein Lagerfeuer.«

Therapeut: »Was ist mit dem Lagerfeuer?«

Frau G.: »Es sind viele Leute darum herum.«

Therapeut: »Was machen die Leute?«

Frau G.: »Sie essen und trinken. Ich glaube, das ist ein Fest.«

Therapeut: »Das ist ein Fest?«

Frau G.: »Glaube ich. Sie machen eine Pause, eine Rast. Die Pferde stehen abseits.«

Therapeut: »Wie viele Leute sind es?«

Frau G.: »Viele.«

Therapeut: »Wie sind sie gekleidet?«

Frau G.: »Wie Krieger.«

Therapeut: »Krieger? Aus welcher Zeit?«

Frau G.: »Wie bei Robin Hood.«

Therapeut: »Was geschieht weiter?«

Frau G.: »Die sind irgendwo an einem Wald. Bei dieser Burg, in der Nähe der Burg.«

Therapeut: »Was hat es mit der Burg auf sich?«

Frau G.: »Ich glaube, er möchte da reingehen. Es kommt mir vor, als sei ich ein ganz junger Bub.«

Therapeut: »Wo sind Sie?«

Frau G.: »Ich stehe bei den Pferden. Ich muss auf die Pferde aufpassen … Hab Strumpfhosen an.«

Therapeut: »Wie alt sind Sie?«

Frau G.: »Elf? Ich weiß es nicht.«

Therapeut: »Was geschieht weiter?«

Frau G.: »Ich stehe bei den Pferden und schaue den anderen zu, wie sie sich vergnügen. Ich stehe allein.«

Therapeut: »Gehören Sie zu den anderen?«

Frau G.: »Ich weiß nicht, ob ich dazugehöre. Ich bin denen untergeordnet.«

Therapeut: »Wie heißen Sie?«

Frau G.: »Weiß ich nicht.«

Therapeut: »Was geschieht weiter?«

Frau G.: »Sie brechen auf, die Reiter voran. Ich laufe hinterher … Andere Leute, die ganz arm aussehen … schmutzige Kleider.«

Therapeut: »Was ist mit den Leuten?«

Frau G.: »Ich laufe den Weg entlang, den die Krieger geritten sind. Ich laufe ihnen hinterher. Ich habe ein kleines Mädchen an der Hand. Es hat ein Kleid an, eine Schürze drüber. Die Kleidung ist auch schmutzig … Die Leute …«

Therapeut: »Wer hat das kleine Mädchen an der Hand?«

Frau G.: »Ich.«

Therapeut: »Wer ist das kleine Mädchen?«

Frau G.: »Meine Schwester. Sie ist fünf Jahre alt.«

Therapeut: »Was geschieht weiter?«

Frau G.: »Vor uns liegt ein Dorf, unterhalb von einem Berg. Das wird beschossen.«

Therapeut: »Womit wird geschossen?«

Frau G.: »Mit Gewehren.«

Therapeut: »Wie sehen die Gewehre aus?«

Frau G.: »Lang. Ich kann sie nicht genau sehen, ich bin versteckt in den Büschen.«

Therapeut: »Wo ist Ihre Schwester?«

Frau G.: »Bei mir. Hinter mir.«

Therapeut: »Was geschieht weiter?«

Frau G.: »Ich gehe weiter in den Wald hinein, mit meiner

Schwester und anderen Leuten. Wir verstecken uns.«

THERAPEUT: »Vor wem?«

FRAU G.: »Vor denen, die schießen.«

THERAPEUT: »Was geschieht weiter?«

FRAU G.: »Die Krieger sind weg und wir versuchen ins Dorf zu gehen … Da liegen viele tote Menschen.«

THERAPEUT: »Was geschieht weiter?«

FRAU G.: »Ich weiß nicht.«

Ende der Regression.

Bemerkung

Auch in dieser Regression ist zu erkennen, dass weder Namen noch exakte Altersangaben der erlebten Person wiedergegeben werden können.

Leider ist dies nicht die Ausnahme, sondern kann schon fast als Regel bezeichnet werden. Die wenigsten Teilnehmer einer Regressionssitzung, die in die Zeiten vor ihrer jetzigen Existenz zurückgehen, konnten eine exakte Zeitbestimmung, Ortsbestimmung oder Hinweise auf die damals Regierenden geben.

Regression von Frau Dr. S., geboren 1937

Frau Dr. S. nahm über einen Zeitraum von einem halben Jahr immer wieder Rückführungen für sich in Anspruch. Ihr Anliegen bestand hauptsächlich darin, herauszufinden, was es mit den Reinkarnationsberichten anderer auf sich hat.

Nach den Erfahrungen, die sie selbst in verschiedensten Regressionssitzungen erlebte, stellte sie abschließend für sich fest, dass sie ihre Einstellung zu Gott und der Welt neu überdenken und ordnen müsse.

THERAPEUT: »Gehen Sie zurück in der Zeit und berichten Sie davon.«

FRAU DR. S.: »Ein Lastwagen schlängelt sich einen kahlen Berg hinauf. Auf dem Lastwagen sind viele Männer mit Gewehren. Es sind Soldaten ... Jetzt sieht man einige Gesichter. Einer hat einen Helm auf. Er schaut mich an.«

THERAPEUT: »Wer sind Sie?«

FRAU DR. S.: »Ich bin auch ein Soldat. Aber einer schaut mich ziemlich traurig an. So, als sei das, was wir tun, nicht in Ordnung. Ich wehre mich gegen diesen Blick. Wir fahren weiter. Ich versuche, das Gesicht nicht mehr zu sehen. Wir kommen an, machen Rast. Es ist etwas nicht in Ordnung an dem, was wir tun. Wir sind zum Töten unterwegs. Ich weiß das und bin trotzdem dabei.«

THERAPEUT: »Wen wollen Sie töten?«

FRAU DR. S.: »Irgendwen. Unseren Feind. Er ist für mich gar keiner. Es ist noch nicht so weit. Es ist ... wir sind in so einer Art Unterstand ... Lehmboden, es ist lehmig. Die Gewehre liegen auf dem Boden. Sie liegen auf einem Haufen ... Im Moment kümmert sich keiner darum. Wir warten ... Wir warten.«

THERAPEUT: »Auf was oder auf wen warten Sie?«

FRAU DR. S.: »Ja, auf den Feind. Jetzt kommen andere Männer ... Wir schießen auf sie. Es ist völlig sinnlos. Ich will das schon vermeiden. Am liebsten würde ich wieder auf den Lastwagen steigen und weiterfahren ... Aber es geht nicht.«

THERAPEUT: »Was machen Sie?«

FRAU DR. S.: »Er herrscht so ein bisschen Ruhe vor dem Sturm. Ich sitze da. Ich sitze wie in einem Unterstand und warte. Irgendwie habe ich auch Angst. Jetzt kommt auch wieder so ein dumpfes Gefühl. Durch das dumpfe

Gefühl ist die Gefahr weit weg. Es kann sein, dass die heute gar nicht kommen.«

THERAPEUT: »Gehen Sie zu dem Zeitpunkt, an dem die Feinde kommen. Was sehen Sie?«

FRAU DR. S.: »Von der anderen Seite des Berges kommen Soldaten angeschlichen. Auf dem Boden liegen sie. Am liebsten würde ich in der Lehmkuhle bleiben. Oder ich würde am liebsten weglaufen. Will aber nicht. Es geht nicht.«

THERAPEUT: »Was geschieht weiter?«

FRAU DR. S.: »Ich fühle nur, dass ich Angst habe. Ich spüre es jetzt eher körperlich. Wir müssen uns irgendwie aufmachen und dem begegnen. Ich liege auch auf dem Boden, auf der anderen Seite. Ich würde am liebsten einfach aufstehen und weggehen. Aber das geht nicht. Es ist im Wald. Und die anderen liegen noch immer auf der Lauer. … Ich stehe jetzt einfach auf … Komisch, es geht. Ich kann aufstehen und weglaufen, im Wald. Die anderen sind immer noch am gleichen Ort. So, als ob ich nicht mehr dazugehöre … Jetzt fängt es von vorne an … Wieder auf dem Lastwagen.«

THERAPEUT: »Wieso konnten Sie weglaufen?«

FRAU DR. S.: »Es war, als wäre ich unsichtbar. Die haben mich nicht gesehen.«

THERAPEUT: »Gehen Sie noch einmal zu der Szene zurück, in der Sie aufstehen. Sehen Sie dabei Ihren Körper?«

FRAU DR. S.: »Nein, ich fühle ihn gar nicht. Er lag auf dem Boden, im Lehm. Zuerst war er ganz schwer und dann konnte er ganz leicht aufstehen. Er war nur schwer, aber es hat gar nichts wehgetan.«

THERAPEUT: »Warum lagen Sie am Boden?«

FRAU DR. S.: »Ich habe nichts gespürt. Aber es war alles ganz schwer und um die Beine ist mir ganz warm geworden. Es war wirklich so, als ob andere mich nicht sehen könnten. Ich habe alles hinter mir gelassen. Ich versu-

che das noch einmal zu sehen. Ich habe keine Kugel gespürt. Es war, als ob ich den anderen ein Schnippchen
schlagen wollte. Es war nicht wie Fliehen. Es war so, als
ob ich durch den Wald ginge, der heller wird, der nichts
Bedrohliches mehr hat. So, als ob ich allem den Rücken
zudrehe. Es ist nicht mehr wichtig. Ich schaue noch mal
zurück. Die Feinde schleichen sich an.«

THERAPEUT: »Wo gehen Sie hin?«

FRAU DR. S.: »Aus den Wald hinaus. Da kommen Felder
und Wiesen. Es ist eigentlich angenehm dort.«

THERAPEUT: »Gehen Sie weiter.«

FRAU DR. S.: »Da ist ein Brunnen. Ich setze mich hin. Es ist
niemand da. Es ist kein Mensch da. Aber es ist eine ganz
weite Landschaft, man kann weit schauen vom Brunnen
aus. Ein ganz weiter Himmel, ein ganz weiter Blick. Ganz
in der Ferne trifft sich der Himmel mit braunen Bergen.
Äcker, gelber Weizen.«

THERAPEUT: »Wie sehen Sie aus?«

FRAU DR. S.: »Ich sitze ein bisschen müde am Brunnen …
Ich gleiche dem, der ich auf dem Laster war. Nur irgendwie heller und leichter. Es ist nicht so ein schwerer Körper.«

THERAPEUT: »Gehen Sie weiter. Was sehen Sie?«

FRAU DR. S.: »Eine ganz helle Sonne sehe ich. Die Luft ist
so durchsichtig gegen Abend! Eigentlich bin ich jetzt
kein Mann mehr, eher so ein langes Gewand. Irgendwie
in eine Decke eingehüllt.«

THERAPEUT: »Welche Farbe hat die Decke?«

FRAU DR. S.: »Graubraun.«

THERAPEUT: »Sind noch mehr Leute da?«

FRAU DR. S.: »Nein. Es sind zwar in weiter Ferne einige zu
sehen, aber da, wo ich gerade bin, ist niemand.«

THERAPEUT: »Haben Sie die gleiche Farbe wie die Decke?«

FRAU DR. S.: »Wie? Ich? Die Decke? Nein! Es ist eine

Szene, die wie von einer Abendsonne beleuchtet wird. Ich überlege mir, ob ich darauf zulaufen soll. Ich bin jetzt eine Frau. Oder ob die Frau am Brunnen bleiben soll. Eigentlich will sie auch wieder zurück in so ein Dorf.«

THERAPEUT: »Wie fühlen Sie sich?«

FRAU DR. S.: »Ich bin müde. So müde, als ob ich mich erholen müsste von dem, was vorher war.«

Regression von Frau Dr. S., geboren 1937

THERAPEUT: »Gehen Sie zurück in der Zeit. Was sehen Sie?«

FRAU DR. S.: »Ich sehe viele Leute aus einer Kirche strömen.«

THERAPEUT: »Wo sind Sie?«

FRAU DR. S.: »Ich bin nicht mit aus der Kirche gekommen. Ich stand auf der Seite da und beobachtete. Es ist irgendein Festtag … Mittelalter.«

THERAPEUT: »Wer sind Sie?«

FRAU DR. S.: »Ich sehe einen Gaukler. Er fährt einen Karren. Da ist so ein mittelalterlicher Jahrmarkt … ein Tanzbär … Das will ich nicht.«

THERAPEUT: »Was wollen Sie nicht?«

FRAU DR. S.: »Da ist auch ein Wagen, außerhalb von dem Ort, dem Dorf, der Stadt.«

THERAPEUT: »Was ist mit dem Wagen?«

FRAU DR. S.: »Ich glaube, auf dem Wagen, das könnte ich sein. Aber ich will wieder in die Innenstadt. Ich will wieder auf den Jahrmarkt. Ich will nicht hinaus. Auf der anderen Seite sind fröhliche Menschen, Jahrmarkttreiben. Und der alte Leiterwagen, auf dem ich sitze, fährt raus aus der Stadt.«

THERAPEUT: »Warum fährt er hinaus?«

FRAU DR. S.: »Er geht auf ein Feld raus und das Feld ist kahl und dort ist es sehr öde. Auf einmal ist kein Frühling mehr. Es ist kalt … Da ist schon wieder ein Kerker … aber ich will nicht!«

THERAPEUT: »Was wollen Sie nicht?«

FRAU DR. S.: »Ich will nicht hingerichtet werden.«

THERAPEUT: »Warum sollen Sie hingerichtet werden?«

FRAU DR. S.: »In dieser Zeit sollen viele Frauen hingerichtet werden.«

THERAPEUT: »Sind Sie eine Frau?«

FRAU DR. S.: »Ja.«

THERAPEUT: »Wie alt sind Sie?«

FRAU DR. S.: »Vielleicht dreißig, fünfunddreißig Jahre. Es sieht aus, als hätte ich irgendwas angestellt. Irgendwas, ich weiß nicht was … Der katholischen Kirche hat etwas nicht gefallen, was ich mache. Weil ich eine Frau bin … Aber eigentlich sehe ich keinen Kerker, ich sehe ein freies Feld.«

THERAPEUT: »Was geschieht weiter?«

FRAU DR. S.: »Da ist ein Holzstoß. Und da ist ein kleines Kätzchen, da unten.«

THERAPEUT: »Wo sind Sie?«

FRAU DR. S.: »Ich sehe den Holzstoß vor mir. Ich sehe das Kätzchen. Ich wehre mich. Ich weiß, was kommen soll … Der Holzstoß brennt.«

THERAPEUT: »Und Sie?«

FRAU DR. S.: »Ich will schreien. Ich schaue ganz entsetzt dorthin … Ich habe große graue Augen. Die reiße ich auf. Ich will mich wehren. Ich will mich zurückreißen, werde aber festgehalten.«

THERAPEUT: »Wie geht es weiter?«

FRAU DR. S.: »Die stoßen mich da hin. Ich wehre mich. Ich kann mich aber nicht richtig wehren, weil ich ganz ent-

setzt dorthin schaue. Weil ich auch irgendwie gelähmt
bin. Weil ich Angst habe. Ich suche ein Schlupfloch und
es gibt keins … Ich fühle nichts mehr … Ich habe mich
umsonst gewehrt. Und jetzt, wo es eigentlich wehtun
sollte, spüre ich gar nichts mehr. Ich habe mich abge-
schottet.«

THERAPEUT: »Gehen Sie weiter.«

FRAU DR. S.: »Die binden mich da fest … Ich bin festgebunden, aber es tut gar nicht weh. Das wundert mich.
Habe ich mich vorher schon schmerzunempfindlich gemacht?«

THERAPEUT: »Was geschieht weiter?«

FRAU DR. S.: »Da ist alles verkohlt. Ich bin auch nicht
mehr … Ich bin …«

THERAPEUT: »Wo sind Sie?«

FRAU DR. S.: »Ich weiß es nicht. Da ist nur noch das Feld.
Ich finde mich nicht mehr. Es ist alles abgebrannt … Aber
wo ich bin? … Ich sehe nur das Feld.«

THERAPEUT: »Wie sehen Sie aus?«

FRAU DR. S.: »Ich kann mich jetzt nicht sehen. Ich sehe nur
den Aschenhaufen. Und einen verkohlten Mast, an dem
ich festgebunden war. Daran bin ich nicht mehr. Es ist
kalt und ich laufe jetzt. Es ist ganz öde und ich entferne
mich von diesem Aschenhaufen. Ich kann mich nicht als
Person sehen. Ich kann nur beschreiben. Es wird Nacht.
Es ist dunkel.«

THERAPEUT: »Was geschieht weiter?«

FRAU DR. S.: »Es sind Sterne am Himmel. Es ist etwas besser als vorher. Aber es ist niemand da außer mir. Der Boden ist steinig. Aber ich gehe trotzdem weiter.«

THERAPEUT: »Wie fühlen Sie sich?«

FRAU DR. S.: »Ich fühle mich sehr leicht, leichter als vorher. Ich kann nicht sagen, dass ich mich traurig fühle.
Nein, nicht unbedingt, jetzt eher etwas neugierig. Die

Landschaft ändert sich auch. Felsen, ein Bachbett, wie aus einer Quelle. Hier bleibe ich ein bisschen. Und ich möchte … Blumen kommen aus dem Boden. Es wird wieder ganz grün … Ein lebendiges Bild, ein Wildbach. Hier möchte ich erst einmal bleiben und mich erholen. Erholen von dem, was vorher war, erstmal alles abschütteln … Die beiden Bilder kämpfen noch miteinander, das Bachbett und das Feld mit dem Kohlenhaufen. Ich will nichts mehr damit zu tun haben. Ich habe nichts mehr damit zu tun. Jetzt wird alles leichter. Ich stehe wieder auf und gehe weiter … Ich habe ein viel helleres Gesicht als vorher … Ich sehe jetzt meine verstorbene Mutter, aber ich will sie nicht sehen.«

Ende der Regression.

Bemerkenswert an den beiden geschilderten Regressionen sind die Einblicke in den ersten Bereich der jenseitigen Dimension. Es ist zu erkennen, dass die Seele, die in diesen ersten Bereich eintritt, sich die Ruhe gönnen kann, die sie zu ihrem weiteren Fortschreiten in dieser oder einer anderen Ebene benötigt.

EIGENE ERINNERUNGEN

Seit ich mir meines Daseins bewusst bin, habe ich Erinnerungen an frühere Leben. Szenen von gewaltsamen, schmerzhaften Sterbeerlebnissen und glücklichen Stunden stehen in loser Reihenfolge gleichberechtigt nebeneinander. Seit meiner frühesten Kindheit leuchtet ein dämmriges Wissen von Gefühlen des Glücks, der Ruhe und der Gewissheit der ewigen Existenz des Selbst in mir auf.

Tod durch Dreizack!
Tod durch Lanze!
Tod durch Pfeil!
Tod durch Schussverletzung!
Tod durch Zerquetschung!

Fieberhaft belastende Dämmerzustände, von vagen Erinnerungen durchsetzt, ziehen meine Seele, die sich im Körper eines kleinen Kindes befindet, in ihren Bann. Unruhige Nächte mit dämonischen Erinnerungen an Glück und Leid längst vergangener Tage betrüben das kindliche Dasein. Grüblerische Stunden wechseln mit bewusstem Verdrängen und dem »Nicht-Mehr-Wissen-Wollen« unangenehmer und schmerzhafter Aufzeichnungen des Unbewussten.

Wie in einem sich ständig wiederholenden Spielfilm werde ich gezwungen, in fortlaufenden Wiedergaben Szenen der Vergangenheit anzuschauen, ja gefühlsmäßig Sequenzen vergangener Existenzen im Traumgeschehen zu durchleben. Dies geschieht zu Tageszeiten wie in nächtlichen Er-

innerungen, die immer wiederkehrend aus Phasen meiner
früheren Leben berichten.

Römische Legionen Anfang des ersten Jahrtausends ziehen
vorüber.

Stürme, Wellen, Kampf und Tod auf hoher See werden in
plastischer Art in der Karibik des 16. Jahrhunderts durch-
litten.

Mit Eingeborenen der Südsee und Nordamerikas wird
gejagt und der Kriegspfad beschritten.

Schmerzhafte Wunden entstellen den jeweiligen Körper
und bittersüße Ahnungen lustvoller körperlicher Empfin-
dungen verwirren das Bewusstsein meiner Kindheit.

Bei all diesen fragmentarisch aufblitzenden Erinnerungen drängen auch angenehme Gedanken in mein jetziges
Dasein – Gedanken an ein Dasein fern jedes Zeitbegriffes,
in einer Kultur, die weit hinter der offiziellen Geschichts-
schreibung liegt. Bilder aus einer längst vergessenen Zeit.

Fahrzeuge, die sich durch Gedankenkraft steuern lassen.
Eine Kultur, in der die Menschen sich frei bewegen. In
der alles materielle Gut allen zugänglich ist.

Aber auch aus jener Zeit dringen Handlungen in das Bewusstsein, die von einer großen Gefahr für diese Kultur
zeugen.

Kriegsgefahr durch Waffen, wie sie heute noch nicht vorhanden sind.

Kämpfe, in denen Millionen von Menschen ausgerottet
werden.

Menschen in Raumanzügen, die sich durch menschen-
leere Straßen bewegen.

Menschen in Raumanzügen, die alle Häuser nach Überlebenden durchkämmen.

Eine Armada an Raumschiffen, die sich auf die Umlaufbahn eines Planeten zubewegen.

Raumschiffe, die diesen Planeten mit einer unvorstellbaren Feuerkraft zum Bersten bringen.

Doch – und hier beginnen die persönlichen Probleme schon – wem kann man von solchen Erinnerungen, von solchen Geschehnissen berichten?

Die unbedachten Aussagen meiner Kinderzeit meinen Eltern gegenüber lösten bei ihnen nur eine Reaktion aus, mit der sie alle meine Erzählungen in das Verständnis ihrer persönlichen Welt und der ihrer Bekannten integrieren konnten. »Unser Roland ist ein kluges Kind – aber eine Fantasie hat der, eine unwahrscheinliche Fantasie. Man muss ihn halt nehmen, wie er ist.«

Mein anfängliches Verletztsein, mein Unverständnis gegenüber der Relativierung meiner Erzählungen wich bald einer Selbstzensur. Ich lernte meine Erinnerungen für mich zu behalten. Die Furcht davor, ausgelacht, nicht ernst genommen zu werden, wurde in diesen frühen Tagen meiner Kindheit zu einem steten Begleiter.

Erst in der Schule, im Religionsunterricht, wurde mir bewusst, dass meine Eltern sich gar nicht anders verhalten konnten. Es war klar: Es gibt nur ein Leben! Das wurde mir vom Religionslehrer vermittelt. Überzeugen konnte er mich aber nicht. Was er mir jedoch – wie auch meine Eltern – klarmachte, war die Angst, die anscheinend überall auf der Welt vor dem Tod, dem Ende dieser Existenz, herrscht.

Der Schrecken des Todes

Für sehr viele Menschen stellt der Tod das Undenkbarste überhaupt dar. Tod, zumal der persönliche – so weit entfernt und dennoch allgegenwärtig. In keiner Kultur wird der Tod so verdrängt wie in der christlichen Glaubensgemeinschaft. Zwar werden jährlich die Ostergeschichte und das Pfingsterlebnis in der Kirche festlich gefeiert, die Auferstehung als Dogma gelehrt – aber nur für den Einen, genannt Jesus. Alle anderen Menschen sind davon ausgenommen und haben – den richtigen Glauben vorausgesetzt – am jüngsten Tag die Chance, wieder zum Leben erweckt zu werden.

Der Tod – das schrecklichste Erlebnis für viele Menschen unseres Kulturkreises – hatte diese Bedeutung für mich noch nie. Ich ahnte und versuchte zu verstehen, wer oder was ich bin. Folgende Fragen drängten sich mir immer mehr auf:

Ist meine Existenz an diesen Körper gebunden, der sich von Tag zu Tag ändert? An einen Körper gebunden, der im Laufe dieses Lebens altert, sich verbraucht und sich irgendwann auflöst?

Bin ich ein ewig existierendes Energiewesen, das mit dem, was die Kirche als Gott bezeichnet, enger verbunden ist als mit irgendeinem Blutsverwandten hier auf der Erde?

Gilt dies für jeden Menschen, der sich hier auf diesem Planeten bewegt?

Fast jeder, der in der heutigen Zeit geboren wurde, ist kein unbeschriebenes Blatt mehr. Schon viele Leben durchlebte er, ohne sich daran zu erinnern. Diese Leben gingen an ihm vorüber wie die Tage des Jahres. So wie die Erinnerung an einen unbedeutenden Tag des Jahres schon nach wenigen Tagen, oftmals Stunden, verblasst, so verblassen

auch die Erinnerungen an frühere Existenzen im Neuge-
borenen. Bereits in den ersten Stunden seines Erdenlebens
lässt die Erinnerung an seine früheren Existenzen, an die
jenseitigen Bereiche, nach und verblasst mehr und mehr,
bis sie sich schließlich ganz auflöst.

Warum verlieren wir die Erinnerungen an vergangene
Leben?

Fragen wir uns doch einmal, was geschähe, könnten wir
uns an die große Liebe des letzten Lebens erinnern, an Kinder, mit denen wir mehr als die Hälfte des letzten Lebens
teilten, an Enkel, die vielleicht im Jetzt leben?

Welches Gefühl wäre in uns, könnten wir, die wir jetzt in
Armut leben, uns an Existenzen im Wohlstand erinnern?

Würden uns Erinnerungen klüger, verständnisvoller,
weiser leben lassen oder würde das, was uns früher lie-
benswert war, was uns gehörte, unseren jetzigen Lebensweg ausbremsen?

Meine bisherigen Erfahrungen sagen mir, dass diese Erinnerungen nicht unbedingt ein Segen sein müssen. Nein –
belastend und bremsend wirken sich Erinnerungen auf das
jetzige Leben aus. Fast automatisch würden wir nach denen
suchen, die in unseren Erinnerungen eine wichtige Rolle
gespielt hatten. Fast automatisch würden wir versuchen zu
beweisen, dass das Grundstück, das Haus, diese Yacht oder
was auch immer früher uns gehörte und dass wir darauf
Anspruch haben.

Erinnerungen würden die Weiterentwicklung unserer
Seele ausbremsen und sich schädlich auf unser aktuelles
Leben auswirken.

Zu unserem Schutz und zum Wohl der übrigen Mensch-
heit legt sich der Schleier des Vergessens über unsere Erinnerungen.

Erreicht die Seele eine bestimmte Stufe der inneren Reifung, kann sie sich in aller Klarheit an das erinnern, was sie ist. Als Beispiel sei hier der Friedensnobelpreisträger, seine Heiligkeit, wie er auch genannt wird, der Dalai Lama angeführt. Er trägt die Erinnerungen an seine früheren Inkarnationen in sich und kann damit umgehen.

Irrlehren

Falsche Propheten, die nur auf das eigene – materielle und körperliche – Wohl aus sind, haben regen Zulauf und lassen nur allzu oft verstörte oder gar zerstörte Seelen hilflos zurück. Die Menschen, die solchen falschen »Erlösern« folgen, geraten in eine finanzielle und psychische Abhängigkeit, die in regelrechte Sklaverei mündet. Dass die Persönlichkeit des Wahrheitssuchenden zerstört wird, dass solche Unglücklichen bereit sind, sich für »ihren« Glauben zu prostituieren, ihre Kinder aufzugeben und sich in kollektiven Selbstmord stürzen, zeigt sich leider in den letzten Jahren immer wieder aufs Neue.

Seit Jahrtausenden berichtet die Reinkarnation von der Reifung der Seele. Vom fortschreitenden Erkennen des Lebenssinns. Vom fortschreitenden Erkennen der Liebe und der Toleranz.

Sie berichtet nicht von Suizid, von Zerstörung, von Unterwerfung unter die Doktrin eines selbsternannten Lehrers.

Mein Weg

Mein mir noch in Erinnerung befindliches Bewusstsein begann im Alter von etwa zwei Jahren zu erwachen. Ich erinnere mich daran, dass ich einen Hocker vor eine Kommode schob und mich auf diesen Hocker stellte. Dadurch war es mir möglich, in einen Spiegel zu schauen, dessen unterer Rand mit der Platte der Kommode abschloss. Erstaunt betrachtete ich mich. Dieses kleine Wesen sollte ich sein? Meinen Körper hatte ich anders in Erinnerung. Ich erinnerte mich an den Körper eines großen, kräftigen jungen Mannes mit vollen schwarzen Haaren, der irgendwo in Südamerika mit der Rodung des Regenwaldes zu tun hatte. »Das bin ich jetzt!«, war die Erkenntnis, mit der ich erstaunt vom Hocker kletterte.

Meine leibliche Mutter starb, als ich 18 Monate alt war. Die Erinnerung an sie verblasste zu einem einzigen Bild. Dieses Bild sieht so aus:

Ich erinnere mich an ein Zimmer, in dem eine schöne, dunkelhaarige junge Frau im Bett liegt. Sie schaut mich liebevoll und gleichzeitig traurig an. Das Bett befindet sich, wenn man den Raum betritt, direkt links von der Tür.

Meine Kinderjahre durchlebte ich in Frieden und Harmonie, begleitet von der aufopfernden Liebe meiner Adoptiveltern und meiner Adoptivschwester.

Vom gesundheitlichen Standpunkt aus betrachtet war ich ein Problemkind. Jede Erkältung, jeder Grippevirus erwischte mich mit voller Breitseite. Der Höhepunkt meiner gesundheitlichen Anfälligkeit zwang mich im Alter von elf Jahren für mehr als ein Jahr zur Bettruhe in der elterlichen Wohnung. Ich litt unter einer frühen Form der Leukämie. In jener Zeit erwachte in mir das Bewusstsein, in dieser Existenz sehr viel lernen zu müssen, immer stärker. Damals – und bis ins Erwachsenendasein hinein – glaubte ich noch, dass dieses erwachende Bewusstsein sich auf meine schulischen Leistungen beziehe.

Mit zwölf Jahren hatte ich mangels anderer Literatur die Bibel durchgelesen und war über manche Beschreibungen im Neuen Testament erstaunt und verwirrt. Wobei diese Verwirrung durch die Interpretationen meiner Eltern über Gott, über die Wertvorstellungen der Kirche und das, was Jesus lehrte, hervorgerufen wurde.

In jener Zeit der erzwungenen Ruhe bekam ich ein Buch über autogenes Training in die Hand. Begierig las ich es immer wieder durch und führte die gelesenen Übungen unermüdlich aus. Tag für Tag übte ich die Schwere- und Wärmeübungen, suggerierte mir positive Denkweisen und Wunschvorgaben. Nach einiger Zeit zeigten die Übungen Wirkung. Mein Gesundheitszustand besserte sich zusehends. Langsam konnte ich daran denken, Sport auszuüben. Bislang waren mir körperliche Betätigungen von den Ärzten aufgrund meiner Konstitution verboten worden.

Eines Tages erhielt ich von der Mutter eines Freundes einen Aufsatz. Dieser Aufsatz befasste sich mit den Methoden des französischen Apothekers Coué. Die Art, wie Coué die positiven Suggestionen anwandte, gefiel mir besonders gut und ich führte sie jeden Abend vor dem Einschlafen aus.

Erste Hypnoseanwendung

Mein damals etwa sechsjähriger Neffe wollte ebenfalls Autosuggestionen, wie er sie bei mir erlebte, durchführen. Er wollte an meinen Übungen teilnehmen, konnte sie sich aber in der nötigen Beharrlichkeit nicht selbst vorsagen. Also beschlossen wir, dass ich es für ihn tun würde. Dabei stellte ich erstaunt fest, dass mein Neffe besonders leicht zu beeinflussen war und genau das ausführte, was ich ihm suggerierte. Durch das nun folgende gemeinsame Üben, das aus Neugierde über das bisher vertraute Machbare ständig ausgeweitet wurde, erkannte ich, zuerst noch unpräzise, das Prinzip der Fremdbeeinflussung, der Hypnose, relativ schnell.

So führte ich eines Tages bei meinem kleinen Neffen (mittlerweile hatten wir schon einige Möglichkeiten der Fremdbeeinflussung ausprobiert) eine kataleptische Starre im Trancezustand herbei. Ungeschickterweise kam meine Schwester gerade in der Wirkungsphase der Hypnose hinzu. Eine strenge Verwarnung und das absolute Verbot, weitere Experimente mit ihrem Kind vorzunehmen, waren das Ergebnis dieser erfolgreichen Hypnosesitzung.

Aus diesem Grunde musste ich nun auf den einen oder anderen Schulkameraden ausweichen, um das Üben dieser neu entdeckten Fähigkeit weiter fortführen zu können.

Bedauerlicherweise war Literatur über Hypnose in der damaligen Zeit für mich nicht zu beschaffen. Erschwerend kam hinzu, dass meine Eltern und meine ganze Verwandtschaft, nebst der Familie eines bekannten evangelischen Geistlichen, absolut nichts von der Begeisterung hielten, die mich erfasst hatte.

Ein Pfarrer, den ich nach den Auswirkungen der Hypnose befragte, bezeichnete die Fähigkeit, Hypnose auszuüben, sogar als Teufelswerk.

Nichtsdestotrotz war mein Forscherdrang geweckt. Die Beeinflussung anderer Menschen und die Macht über hypnotisierte Personen (wie ich es damals sah) faszinierten mich immer mehr.

Für meine Schulfreunde war ich schon immer ein Einzelgänger, eine Leseratte oder ein Streber gewesen. Aber durch die Beschäftigung mit Hypnose und das Durchführen von Experimenten mit Schulkameraden wurde ich ihnen regelrecht suspekt.

Mit achtzehn Jahren führte ich innerhalb eines volkswirtschaftlichen Seminars die erste öffentliche Hypnose durch. Ein Mitschüler aus der Schule, der ebenfalls im Rahmen seiner Ausbildung an diesem Seminar teilnahm, erwähnte den anderen gegenüber, dass ich gewisse Erfahrungen in der Hypnoseanwendung hätte. Die Begeisterung unter den jugendlichen Kursteilnehmern war einstimmig und endete in der Aufforderung, eine Hypnosesitzung durchzuführen. Leichtsinnig stimmte ich einer Demonstration zu. Da alle neugierig waren, hatte ich keine Probleme, einen interessierten Mitschüler für dieses Experiment zu gewinnen.

Während dieser Hypnose gelang es mir, den jungen Seminarteilnehmer im tiefen Trancezustand aus seinem Zimmer in den Aufenthaltsraum zu führen, in dem die anderen Jungen und Mädchen auf uns gewartet hatten. Dort beendete ich durch eine Aufwecksuggestion seinen Trancezustand.

Aufgrund dieser unbedarft vorgebrachten Aufwecksuggestion war meine Versuchsperson in einer miserablen seelischen Verfassung, das heißt, sie war in einer aggressiven

Stimmungslage und außer sich über die »Unmöglichkeit«
dieser Vorführung ihrer Person.

Der Pfarrer, der später hinzu stieß, war fassungslos, die
gleichaltrigen Kursteilnehmer teils belustigt, teils verängstigt und ich selbst wieder einmal verunsichert durch die
ambivalenten Reaktionen derjenigen, die mich zuerst er-
mutigt hatten und mir anschließend teilweise mit nonver-
balen Vorwurfshaltungen begegneten.

Die Jahre vergingen, das Studium der Betriebswirtschaft,
der Volkswirtschaft, der EDV, des Wirtschaftsrechts und
der Wirtschaftspsychologie lenkten mich zeitweilig von
dem weiteren Studium der Hypnose ab.

Doch dann kam das, was anscheinend kommen musste:
Im Bekanntenkreis war publik geworden, dass ich einige
Jahre mit der Hypnosetechnik experimentiert hatte. Aufgrund dessen kam eine junge Mutter mit ihrem zwölfjährigen Sohn zu mir und fragte nach, ob es möglich wäre,
durch Anwendung von Hypnose herauszufinden, woher
seine Angst vor Gewittern rühre.

Der Anfang

In jenen Tagen war ich als Softwarespezialist einer großen
Firma in Süddeutschland eingesetzt und weit von meiner
Tätigkeit als Heilpraktiker mit Schwerpunkt Hypnosetherapie entfernt. Damals wusste ich nicht einmal, dass es einen selbständigen Heilberuf neben dem des Arztes gab – so
wenig hatte ich mich mit der Problematik des Heilwesens
beschäftigt. Aber es sollte alles seinen vorgezeichneten
Weg gehen.

Erkenntnis

Was diese erste Regressionssitzung in mir auslöste, kann ich bildlich nur mit einer Eruption vergleichen. Plötzlich waren alle sorgsam verdrängten Erinnerungen an meine früheren Existenzen wieder da. Ich hatte Mühe meine innere Aufgewühltheit zu zügeln.

Zweifel stiegen in mir auf, ob der eingeschlagene Beruf, obwohl finanziell lukrativ, auf Dauer meine Erfüllung in dieser Existenz sein könnte. Eine tiefe Sehnsucht erfasste mich. Eine Sehnsucht nach mehr, nach mehr Erfahrungen, nach sich bestätigenden Aussagen anderer Menschen. Ich wollte mehr aufspüren, die bewussten oder unbewussten Erfahrungen vorgeburtlicher Erinnerungen anderer Menschen weiter erforschen. Dadurch könnte ich die Bestätigung meiner eigenen Erlebnisse erhalten. Die Chance, das Empfinden derjenigen zu verstehen, die ähnlich wie ich mit einem oder mehreren früheren Leben konfrontiert wurden, faszinierte mich.

Auf einmal waren sie wieder da, die guten Geister meiner Kindheit, die mich in meinen Krankheitstagen oftmals trösteten, mir die Zuversicht gaben, dass ich gesund würde und die mir damals aufzeigten und mich in meinem Wissen bestärkten, dass der Körper nur eine leere Hülle ist, die von der Seele belebt wird. All diejenigen, die ich über Jahre erfolgreich aus meinem Leben verdrängt hatte, standen plötzlich wieder wahrnehmbar an meiner Seite und bekräftigten mich in dem Entschluss, eine Ausbildung zu beginnen, die es mir rechtlich und offiziell ermöglichte, mich dem Studium der außerkörperlichen Existenzen zu widmen.

1977 war es so weit. Ich hatte meine Zulassung als Heilpraktiker mit der Spezialausbildung Psycho- und Hypnosetherapie. Am 2. Januar 1978 eröffnete ich meine Praxis als Heilpraktiker, Psychologe und Hypnosetherapeut.